游客体验行为研究

基于关中汉唐帝陵多源数据的分析

本书受咸阳

TOURIST EXPERIENCE BEHAVIOR:
ANALYSIS BASED ON MULTI-SOURCE DATA OF
HAN AND TANG DYNASTIES IMPERIAL TOMBS IN GUANZHONG

孙媛媛 / 著

经济管理出版社
ECONOMY & MANAGEMENT PUBLISHING HOUSE

图书在版编目（CIP）数据

游客体验行为研究：基于关中汉唐帝陵多源数据的
分析／孙媛媛著． — 北京：经济管理出版社，2025.
5. — ISBN 978-7-5243-0309-1

Ⅰ．F592.741；F590.63

中国国家版本馆 CIP 数据核字第 20253FK383 号

组稿编辑：张馨予
责任编辑：张馨予
责任印制：许　艳
责任校对：蔡晓臻

出版发行：经济管理出版社
　　　　　（北京市海淀区北蜂窝 8 号中雅大厦 A 座 11 层　100038）
网　　址：www.E-mp.com.cn
电　　话：(010) 51915602
印　　刷：唐山玺诚印务有限公司
经　　销：新华书店
开　　本：720mm×1000mm/16
印　　张：12.5
字　　数：191 千字
版　　次：2025 年 5 月第 1 版　　2025 年 5 月第 1 次印刷
书　　号：ISBN 978-7-5243-0309-1
定　　价：98.00 元

前　言

文化遗产是一种社会、政治、经济资源，它"讲述"了国家历史的独特性，是提高民族凝聚力、增强民族自豪感、树立民族意识的重要工具。文化遗产旅游作为实现文化遗产经济价值的主要商业活动，是当前重要的旅游产品之一。游客体验是旅游的内核，因此有关旅游体验的研究一直是旅游学科的重要研究内容。本书从游客旅游行为规律出发，以陕西传统旅游景区——关中汉唐帝陵为例，利用大数据对游客体验进行深入探讨，分析游客需求，为文化遗产地游客行为及文化遗产旅游开发的理论研究进行有益尝试。

本书以旅游推拉模型作为基本研究框架，以田野调查法、文献研究法、网络文本分析法、多元统计分析方法等为研究手段，以百度指数、新浪微博、网络游记等旅游大数据作为信息通道，对关中汉唐帝陵游客不同阶段的时空行为进行研究。研究区域选择我国重要的帝陵汇集地——陕西关中地区，以汉阳陵、茂陵、杜陵、昭陵、乾陵作为具体研究案例，采用整体研究与案例分析相结合的方式对关中汉唐帝陵游客行为和旅游价值进行分析，并提出营销策略。本书的主要内容包括以下四个部分：一是梳理相关理论与文献；二是分析不同旅游阶段游客体验行为特征；三是构建关中汉唐帝陵旅游价值评价体系；四是提出基于游客体验的关中汉唐帝陵营销策略。

本书的主要结论如下：

第一，游前的游客信息搜索行为的时空特征体现出潜在游客出行前对关中汉唐帝陵的体验偏好。时间上，游客对关中汉唐帝陵的信息搜索量逐年增加，反映出游客对此类旅游资源的偏好逐年增强。景区全年适宜旅游使年内信息搜索量较为稳定，仅在黄金周前后出现大幅波动。一周的信息搜索指数反映出游客的决策过程，周一至周四为决策信息搜集阶段，周五为决策信息制定阶段，周六、周日为决策信息实施阶段。空间上，东部地区旅游偏好最为强烈，西部地区，尤其是民族地区旅游偏好较低，这反映出游客对文化遗产地的感知与偏好深受区域经济条件和文化渊源的影响。信息搜索热点体现了游客决策的影响因素。关中汉唐帝陵的原真性是游客最关注的因素，包括帝陵主人的真实情况、景区旅游资源构成情况、帝陵保护状况信息及帝陵遗产区域影响力，同时也有考虑旅游线路、可达性等与景区有关的项目，进一步说明了旅游体验的综合性和多元化。

第二，游中的游客时空行为及感知过程具有时空动态及情感特征。时间上，游客年度总体呈增长趋势，年内旅游旺季出现在第二、第三季度；周内呈"周末效应"，并与移动搜索指数时间趋势互补。空间上，游客数量与其客源地距离呈"W"字形分布，即随着距离的增加，游客数量先减后增再减再增，短途与长途游客占比较大。游客情感特征反映出游客现场体验度不高，存在明显时间性，旅游旺季时游客的消极情感逐渐增加，旅游淡季时游客的旅游体验相对较好。本书引入"游客拥护度"和"游客喜爱度"两个概念来衡量不同客源地游客的体验，并将国内旅游市场分为四个等级。游客体验影响因素分为旅游便利因素、旅游体验因素、旅游基础服务因素三大类。

第三，游后的游客体验及评价是对旅游记忆的一种整理过程，既包括对旅行过程的复述，又包括个人的感悟，以及对未来旅行的建议。网络游记反映出关中汉唐帝陵游客对旅游资源、旅游服务、旅游活动等旅游体验对象的记忆更为深刻。关中汉唐帝陵游客体验的语义分析结果揭示了核心旅游吸引力和主要功能。通过问卷调查，帝陵景区游客满意度结果与网络游记相似，游客体验以正面为主，其中旅游体验因素得分最高，且汉陵满意度较唐陵更高。

第四，关中汉唐帝陵旅游资源构成丰富，旅游价值高，可通过多种方式实现游客体验需求。本书对关中汉唐帝陵旅游资源结构进行系统性整理，在原真性理论指导下，基于关中汉唐帝陵的空间分布、文化特征、自身优势、地域特色，以及游客体验需求和旅游业发展背景，提出关中汉唐帝陵旅游价值评价体系。该评价体系包括帝陵价值、帝陵辐射范围、全域旅游相关要素的组合程度以及保护程度四大类、九个指标，根据帝陵具体情况赋分，并分为高旅游价值、中旅游价值、低旅游价值三级。

本书的创新之处如下：

第一，对游客体验过程进行阶段划分，揭示了不同阶段游客体验行为特征。利用地理大数据，对游前的游客信息搜索行为、游中的游客时空行为与感知过程、游后的游客体验及评价进行分析，从新的视角分析出不同阶段游客的时间、空间、情感特征。

第二，发现了基于不同信息通道的游客的不同体验诉求。借助百度指数、新浪微博、网络游记等信息通道数据，运用相关词分析掌握了游客搜索热点、情感分析测度了游客满意度、语义分析挖掘了游客体验的关键内容，从而发现游客对遗产旅游的诉求。

第三，构建了基于游客体验的关中汉唐帝陵旅游价值评价体系。在原真性理论指导下，根据游客体验特征及诉求，结合遗产地自身特征，构造出文化遗产旅游价值评价体系，为文化遗产旅游规划开发提供评估依据。

目　录

第一章　绪论

第一节　研究背景

一、旅游市场发展现状

2020 年 11 月 18 日，《文化和旅游部关于推动数字文化产业高质量发展的意见》发布，提出"以数字化推动文化和旅游融合发展，实现更广范围、更深层次、更高水平融合""对文化资源进行数字化转化和开发，让优秀文化资源借助数字技术'活起来'，将所蕴含的价值内容与数字技术的新形式新要素结合好，实现创造性转化和创新性发展""顺应商业变革和消费升级趋势，促进网络消费、定制消费、体验消费、智能消费、互动消费等新型消费发展。注重新技术对文化体验的改变，创新文化消费场景，培育壮大云旅游、云娱乐等新型消费形态"。数字化以创新驱动推进了文旅产业供给侧结构性改革，为产业高质量发展注入了强大的新动能，成为我国旅游业壮大升级的有力支撑。1997 年召开的首届全国信息化工作会议，将信息化定义为："信息化是指培育、发展以智能化工具为代表的新的生产力并使之造福于社会的历史过程。"
这次会议全面部署了我国的信息化工作，将信息化作为振兴经济的战略举措。
数字化与信息化是一脉相承的，数字化是信息化发展的高级阶段。

事实上，我国20余年的信息化建设历程以及近些年数字化建设的推进过
程也是我国旅游市场不断壮大的过程。随着旅游业的持续发展和国民消费观念
的逐步转变，体验经济概念已悄然融入旅游产业体系各个方面。可穿戴技术
（WT）、人工智能（AI）、虚拟现实（VR）和增强现实（AR）等计算机仿真
技术在旅游业中的应用日益增多，信息技术正在助推旅游迈向体验经济时代。
信息化已成为游客旅游活动的必要基础和表达方式，是促进我国旅游市场发展
的强劲动力。

二、文化遗产保护开发需要

文化遗产是一种社会、政治、经济资源，"讲述"了国家历史的独特性，
是提高民族凝聚力、增强民族自豪感、树立民族意识的重要工具。文化遗产旅
游作为实现文化遗产经济价值的主要商业活动，是宣传古建筑、历史、风土民
情的主要渠道，对文化遗产资源的开发利用起着显著作用，为游客提供了体验
不同地区、不同艺术、不同活动的平台，使游客可以真实地感受历史文化。通
过参与文化遗产旅游，公众能够接受保护遗产自然环境、文化景观和非物质文
化遗产的引导，增强遗产价值意识，最终形成文化认同感，能够维持地方的稳
定发展。但是，随着时间的推移，原来的遗产资源可能被部分破坏、故意改造
甚至是毁坏，从而导致其潜在统摄性被破坏甚至丧失。如何将遗产包含的历史
记忆和传承意义保持下去是当前亟待解决的问题。

文化遗产的现代理念关系到整体环境，应从世界生态环境中予以领会。文
化遗产保护不是简单的修复，关键在于对遗产资源蕴含的价值有适当的认识。

三、数字化潮流

数字化水平是衡量一个国家发达程度和综合国力的重要标志，以数字化带

动社会经济全面发展、实现跨越式发展已经成为人们的共识。在信息社会，信息资源与能源资源同等重要，如何对其进行有效开发和利用关系到整个社会经济发展的前景。

随着新一代信息网络技术的飞速发展和互联网的应用普及，具有高度黏性的平台经济已成为推动国民经济发展的新引擎。《"十四五"文化和旅游科技创新规划》提出，利用先进科技支撑中华优秀传统文化传承发展，开展文化遗产保护与文物活化利用技术研究，重点支持存量文化资源的创造性转化，推动传统文化"活起来"。

1992 年，联合国教科文组织（UNESCO）发起了世界记忆工程（Memory of the World，MOW），其目的在于用最合适的手段，保护具有世界意义的文献遗产，并鼓励对具有国家和地区意义的文献遗产的保护，利用信息化手段建成了"失去的记忆""濒危的记忆""目前的活动"单个数据库。通过链接世界记忆工程网址，可以获得世界各国有关文献保护的信息和资料。2000 年，联合国教科文组织批准实施的"全民信息计划项目"（Information for All Programme，IFAP）提供了有关信息的保护、记录知识的管理与保护标准的推广，以及拓宽信息存取的国际政策讨论和项目开发的平台。

第二节　研究目的及研究意义

一、研究目的

本书旨在借助"互联网+"的优势，利用社交媒体地理大数据这一目前研究游客行为的重要在线数据源，探索关中汉唐帝陵游客在不同体验阶段的时间特征、空间特征以及感知特征，从而发现关中汉唐帝陵游客基于不同信息通道的不同体验诉求；在游客体验需求和"全域旅游"思想指引下，构建关中汉唐帝陵旅游价值评价体系，整合和挖掘帝陵文化遗产旅游资源特色，最终提出帝陵文化遗产地营销策略。

二、研究意义

（1）理论意义。谢彦君认为，有关旅游体验的研究一直是旅游学科重要的研究内容。在中文社会科学引文索引（CSSCI）中以此为主题检索文献，1998年至今共有1300多篇文献，并且数量呈逐年递增趋势。从研究内容上看，旅游体验研究横跨旅游主体和旅游客体两个领域。旅游主体相关研究包括旅游消费、旅游行为、游客需求、旅游动机、游客满意度、旅游过程、体验需求、旅游心理等（潘莉等，2024；文彤等，2024；王娟等，2024；李玉萍等，2024；张佑印、徐珩，2024；夏杰长、张雅俊，2024；高小燕、刘一诺，2024；刘卫梅、林德荣，2024；王辉、许振华，2024；符丽君等，2023），对游客旅游动机及决策行为、市场旅游细分有重要的理论指导意义。旅游客体相关研究包括旅游线路、旅游目的地、旅游吸引物、旅游项目及不同类型旅游产品的旅游体验评价，以及在此基础上进行的旅游产品开发、旅游开发模式、景区开发、旅游发展模式、实践体验等方法的构建（鲁洋静，2023；林轶等，2023；王秋雅，2022；李文明等，2022；黎镇霆等，2023；王倩倩等，2022；张冬冬、杜华勇，2022；陈东杰等，2021；刘海玲、王彩彩，2021），为旅游业管理和进一步发展提供了决策依据。从研究方法上看结构模型、因子分析法、扎根理论、质性分析（金琳琳，2023；文捷敏、余颖，2023；杨红梅等，2022；史达等，2022；赵磊等，2018）等方法逐渐引入旅游体验研究，尤其是基于"旅游网站"等互联网大数据提供的"旅游信息"的分析方法，为全面掌握游客旅游体验特征及时空行为提供了契机。然而，面对如此蓬勃的研究热潮，文化遗产地游客体验并获得相应的关注。本书从游客旅游行为规律出发，以传统文化遗产旅游景区——关中汉唐帝陵为例，利用地理大数据对文化遗产地游客体验进行深入探讨，分析游客需求，为文化遗产地游客行为及文化遗产旅游开发的理论研究进行有益尝试。

（2）现实意义。文化遗产是一种社会、政治、经济资源。具有国家层面意义的文化遗产"讲述"了国家历史的独特性，是提高民族凝聚力、增强民族自豪感、树立民族意识的重要工具。长期以来，有关文化遗产是开发还是保护的争论从未停止过。文化遗产旅游作为实现文化遗产经济价值的主要商业活动，对文化遗产资源的开发利用起着显著作用，但对文化遗产地产生了多重影响（赵悦、石美玉，2013）。因此，在旅游开发与遗产保护之间寻求一个平衡点至关重要。通过本书的开展，指出游客需求偏好，为文化遗产地开发提供精准的决策依据，使游客可以真实地感受历史人文内涵，从而降低旅游开发对文化遗产的负面效应；同时，利用信息化手段为帝陵文化遗产保护提供平台，加强帝陵文化遗产保护。

第三节　区域概况与数据来源

一、区域概况

"秦中自古帝王州"。从公元前 11 世纪到公元 10 世纪中叶，先后有西周、秦、西汉、隋、唐等 13 个朝代建都在关中平原中心。这些帝王死后大都埋葬在以西安、咸阳为中心的关中渭河平原一带，为关中地区留存下了 70 余座帝王陵墓，被誉为"东方帝王谷"。从某种意义上讲，陕西（关中）地区的帝王陵寝是周秦汉唐历史的缩影，是十分重要的文化财富，在一定程度上反映了当时的物质文明和精神文明，具有很高的学术价值和旅游价值（王双怀，2010）。

截至 2016 年，关中帝陵有全国重点文物保护单位 36 处，省级文物保护单位 9 处，分别占全省的 17.15% 和 2%，其中世界文化遗产 1 处、国家级考古遗址公园 2 处。关中帝陵作为陕西省乃至全国重要的旅游资源，共有 A 级景区 12 处，其中 AAAAA 级景区 2 处、AAAA 级 3 处、AAA 级 5 处、AA 级 1 处、A 级 1 处，分别占全省的 25%、3.3%、2.1%、2.4%、50%。2016 年，12 处帝陵类 A 级景区全年共接待游客 936.94 万人，实现旅游收入 119.02 亿元，占当年陕西省 A 级景区总体接待量的 3.69% 和景区收入的 7.85%[①]。关中帝陵数量之多、规模之大、规格之高、空间分布之集中、文化内涵之丰富、品位价值之高，为世所罕见（张建忠，2013）。因此，关中帝陵游客体验研究对促进陕西旅游业发展，以及提升我国文化遗产旅游竞争力都有着重要意义。

关中帝陵依历史阶段可分为先秦时期、秦陵、汉陵、唐陵 4 个阶段，先秦帝陵包括黄帝陵、炎帝陵、周陵等，秦陵包括秦始皇陵、秦二世陵等，汉陵包括长陵、安陵、霸陵、阳陵、茂陵、平陵、杜陵、渭陵、延陵、义陵、康陵共 11 座，唐陵包括献陵、昭陵、乾陵、定陵、桥陵、泰陵、建陵、元陵、崇陵、丰陵、景陵、光陵、庄陵、章陵、端陵、贞陵、简陵、靖陵共 18 座。其中，承担旅游接待的有黄帝陵、炎帝陵、宝鸡先秦陵园、秦始皇陵、秦二世陵、汉阳陵、唐茂陵、唐杜陵、唐昭陵、唐乾陵[②]。但帝陵旅游接待情况差异巨大。根据陕西省文化和旅游厅景区统计数据，2019 年 5 个汉唐帝陵（汉阳陵、唐茂陵、唐杜陵、唐昭陵、唐乾陵）旅游总收入为 7000 余万元，不到黄帝陵的 90%，更不到秦始皇陵的 10%[③]。景区建设、品牌效应、营销方式固然是造成发展不均衡的重要原因，而游客个人行为同样起到关键作用。

因此，本书选择关中帝陵中历史延续性最长、空间分布最广的汉唐帝陵作为研究对象。西汉是中国历史上继秦朝之后的大一统王朝，是汉文化形成和发展的重要阶段。唐朝则是公认的中国最强盛的时代之一，也是中国历史的重要转折点。11 座西汉帝陵和 18 座唐代帝陵是时代变迁的有力见证，体

---

① 作者整理自地方志、博物馆资料等。
②③ 唐顺陵正在规划建设，暂时免票，不作统计。

现了汉唐时期的政治、经济、文化特点。其旅游产品开发对于引导游客了解历史、增强文化遗产保护意识具有重要意义。而把握游客在此的旅游体验特征则是旅游产品开发的基础，为实现陕西省帝陵文化遗产旅游均衡发展提供理论依据。具体研究对象包括汉阳陵、唐茂陵、唐杜陵、唐昭陵、唐乾陵5个帝陵。

二、数据来源

本书围绕关中汉唐帝陵游客体验规律以及关中汉唐帝陵文化遗产旅游开发要求展开，分别收集理论基础数据、旅游体验数据、关中汉唐帝陵数据。

（1）理论基础数据。本书选择中国知网收录的 CSSCI 期刊文献和 Web of Science 收录学术文章作为理论基础数据。通过文献计量学软件 CiteSpace 构建出与本书相关的知识图谱，发现游客体验和遗产旅游以及大数据研究的规律和进展，为本书提供理论支持和研究方向。

（2）旅游体验数据。本书将关中汉唐帝陵游客体验分为出发前、旅行中、结束后三个阶段，通过不同信息通道获取游客体验数据。出发前旅游体验是游客在出发前对旅游目的地的提前感知，表现为信息搜集与旅游动机的显化，数据源选取全球最大的中文搜索引擎——百度作为检索数据来源，利用百度指数数据共享平台，获取关中汉唐帝陵游客出行前旅游体验行为特征，分析游前游客信息搜集与决策行为。旅行中游客体验重在其"现场性"，对游客旅游活动即时性感知的反映，因此数据由两种方式获取——新浪微博数据抓取和抽样问卷调查，得到游客在关中汉唐帝陵游览过程中的即时性旅游体验，并根据微博提供的地理信息对其时空行为进行研究，分析旅行中游客体验及时空动态特征。结束后旅游体验是游客对其旅游活动的回顾与总结，游客通常会选择以网络游记的形式进行记录，因此选择中国最大的旅游社交网络——马蜂窝作为数据来源，提取与关中汉唐帝陵相关的网络游记进行研究，挖掘游客旅游行程结束后的行为信息，分析游后的游客感知与体验特征。

（3）关中汉唐帝陵数据。关中汉唐帝陵因其分布广、管理松散等特点，旅游开发及管理数据相对匮乏。因此，本书通过田野调查法，实地考察关中汉唐帝陵，收集帝陵景观构成、旅游资源结构等信息，获取一手资料；走访帝陵所在地的旅游与文物行政管理部门，全面收集旅游接待情况及其保护现状数据；利用地理大数据提供的案例区地形数据分析其分布规律。

第四节　研究方法与技术路线

一、研究方法

（1）田野调查法。田野调查法是指在科学方法论的指导下，通过运用问卷调查、访谈、测量等科学方法，有目的、有计划、系统地收集某类问题或某类现状的资料，从而获得关于某类现象的科学事实，并形成相应的科学认识的一种研究方法。该方法为研究者提供课题研究的第一手资料；从实际出发，为制定某种政策、规划、改革提供事实依据；既可以解决现实问题、验证研究假设、解决问题，又可以发现新问题、新情况，从而提出新理论、新见解；标准化的调查问卷，便于度量和进行数据处理，容易对一个大的总体进行一般的描述或解释性分析描述。本书对关中汉唐帝陵遗产采取基于实地调查的全面调查和重点调查相结合：通过全面调查，了解关中汉唐帝陵遗产的基本信息；通过重点调查，掌握汉阳陵和唐乾陵的具体情况。同时，在游客体验方面，采取问卷调查法并辅以访谈，了解游客态度。

（2）文献资料研究法。文献资料研究法是指根据所选定课题，进行相关文献资料的收集、整理、分析、提炼，从中发现这些文献资料背后隐含的规律性的、本质性的内涵或形成新观点和新认识的研究方法，具有间接性、历史性和继承性的特点。通过该方法，研究者能对不能亲自接触的研究对象进行研究，能了解有关问题的历史和现状，帮助确定研究课题；能形成关于研究对象的一般印象，有助于观察和访问；能得到现实资料的比较资料，有助于了解事物的全貌。

（3）网络文本分析法。网络文本分析法源于内容分析法，是一种通过网络渠道将不系统的、定性的符号性内容转化为系统的、定量的数据资料的研究方法。其基本思想是通过分析网络上文本数据的主要内容，总结归纳其所蕴含的思想规律进而得到相应的结论，本质是透过表象的信息探究问题的本质。网络的虚拟性、开放性，为游客表达其真实旅游体验提供了平台，对网络文本的分析可以得到游客体验的一手资料。

（4）多元统计分析方法。多元统计分析方法是指将多个对象之间的多种关系进行统计分析，寻找其中的规律，因而在现代社会科学研究中得到了日益广泛的应用。本书在实证研究中借助统计软件对问卷调查所收集的数据进行描述性统计分析、项目分析和因子分析等基本处理，确定影响游客体验的各种因素，并对其加以归类。

二、技术路线

图 1-1 为本书的技术路线。

本书的主体内容分为以下六个部分，紧密围绕关中汉唐帝陵游客体验展开：

（1）相关概念与理论梳理。本书系统整理分析了近 20 年来旅游体验及文化遗产开发相关文献，梳理出旅游体验、遗产旅游、大数据等基本理论；在此基础上给出旅游大数据的定义及特征，并以此为依据进行旅游信息分类与编码的尝试，为本书研究提供理论依据。

（2）游前的游客信息搜索与决策行为分析。游客体验具有时间性特征，本书根据旅游体验这一特征将游客体验拆分为三个阶段：出行前、旅行中、结

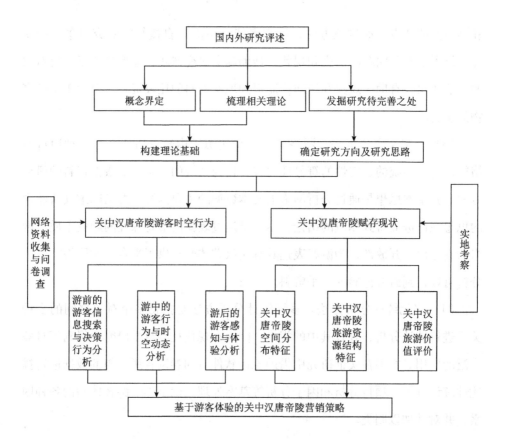

图 1-1 本书的技术路线

束后。出行前游客体验的过程表现为对旅游目的地感知及相关准备工作的实施。具体包括游客对旅游目的地各种想象和设想，也就是他们的关注点所在。随着关注点逐渐清晰，旅游目的地的形象日益鲜明，而游客的个人需求也随之明朗，其旅游动机及偏好表达得比较清晰。互联网时代，从根本上改变了传统的信息传播方式和消费者信息获取方式，使用搜索引擎成为获取旅游信息的重要行为模式，游客可以通过网络获取大量旅游信息。通过搜索引擎，游客可以提前感知旅游目的地的基本情况，表达其旅游意愿。网络搜索关键词的情况反映了游客的旅游需求及其旅游体验的基本要求。旅游目的地可以据此改进旅游目的地营销方式，发布更多游客感兴趣的信息。

（3）游中的游客行为与时空动态分析。旅行中游客体验是指从游客离开惯常居住地到返回整个阶段的体会与感受，强调其"现场性"，包括游客在这个过程中实际体验到的每一个要素以及对要素的评价。传统的且依然广泛使用的获取游客体验感受的手段，多是在旅游目的地采用现场抽样调查的方法。该方法的优点在于可以近距离接触受访者，观察他们旅游体验，接收多方面信息；可以按照研究者的思路，引导游客回答相关问题，获得研究所需的游客体验感受。其缺点则主要表现在以下三个方面：一是作为抽样调查的一种，其选择的样本能否代表整个旅游者群体的情况，能否真正做到随机抽样；二是调查问卷及访谈提纲是预制的，能否涵盖游客体验的所有影响因素；三是游客接受调查时的配合程度如何，所给答案是否真实、客观。以即时性网络沟通工具提供的大数据服务有效解决了传统调查方式的弊端，最大限度获得研究区域，即被研究的旅游目的地游客体验数据，为旅行中游客体验信息搜集提供了工具和平台。特别是，游客能够站在自己的立场上实时表达个人体验感受，不受调查者、调查方式的影响，所得体验信息更真实可靠。而该数据获取方式的缺点也很显著：大量半结构化数据、非结构化数据不利于统计与分析，需要依靠强大的数据挖掘能力；数据收集时是基于"时间+空间+关键词"的方式，不可避免地会将与研究主题无关的数据收纳其中，数据清洗工作必不可少；实时性意味着某些体验感受没有持久性，只是游客在发布旅游体验时的瞬间感受，不能代表整个旅游体验过程的总体验。因此，在进行旅行中游客体验时采用微博数据和调查问卷相结合的数据结果来加以分析。

（4）游后的游客感知与体验分析。结束后游客体验是游客旅行结束、返回惯常居住地后对旅游记忆的一种整理过程。这一过程既包括对旅行过程的复述，又包括个人的感悟，以及对未来旅行的建议。结束后的游客体验，相比前两个阶段而言，更为完善、理性和客观。结束后旅游体验会针对整个旅游行程进行总结，剔除旅游中的瞬间感受，即时性降低了，而持久性提高了。经过游客的理性思考，游客体验信息更全面，旅游体验储备增加，进一步转变为人生体验，最终实现自我升华。这一旅游体验过程游客多选择以游记的形式加以展示和分享。互联网通信技术的迅速发展，为游客分享旅游经历和抒发情感提供了虚拟平台。网络游记即旅游博客作为其中一种方式被广泛接受。通过研究网络游记，能够分析出文化遗产地给游客留下最深刻印象的体验，甄别出需要巩固旅游目的地形象要素和需要加强改良的旅游目的地形象要素。

（5）帝陵文化遗产旅游价值分析。本书以关中汉唐帝陵文化遗产地为研究区域，从关中汉唐帝陵空间分布特征着手，在资料收集的基础上，结合我国帝陵文化特征、关中汉唐帝陵的自身优势及其地域特色，对关中帝陵的旅游资源构成进行剖析。以国家质量监督检验检疫总局 2017 年颁布并实施的《旅游资源分类、调查与评价》（GB/T18972-2017）中关于旅游资源 8 个主类、31 个亚类、155 个基本类型的分类体系为依据，对关中汉唐帝陵旅游资源进行统计整理。然后，以全域旅游思想为指导，根据游客体验特征分析结果，构建文化遗产地旅游价值评价体系，并选择若干帝陵遗产地进行实证分析。

（6）帝陵文化遗产地游客体验管理。在前五项内容研究的基础上，重点对帝陵文化遗产地游客体验管理理念及管理措施进行探讨。帝陵文化遗产地游客体验管理理念重在对旅游体验与文化遗产保护的结合，帝陵文化遗产地游客体验管理措施分别从帝陵文化遗产地数据库构建、帝陵文化遗产廊道规划、帝陵文化遗产解说系统设计以及帝陵文化遗产展示模式设想等方面展开。

第二章 理论基础与文献评述

第一节 概念界定

一、地理大数据与旅游大数据

麦肯锡全球研究所（McKinsey Global Institute，MGI）在其报告《大数据：创新、竞争和生产力的下一个前沿》中首次系统地提出大数据概念：一种规模大到在获取、存储、管理、分析方面大大超出了传统数据库软件工具能力范围的数据集合，具有海量的数据规模、快速的数据流转、多样的数据类型和价值密度低四大特征（Zicari，2013）。研究机构 Gartner 给出的"大数据"定义是：大数据是需要新处理模式才能具有更强的决策力、洞察发现力和流程优化能力来适应海量、高增长率和多样化的信息资产。美国国家标准与技术研究院（NIST）给出的定义是：大数据是用来描述在我们网络的、数字的、遍布传感器的、信息驱动的世界中呈现出的数据泛滥的常用词语（中国电子技术标准化研究院，2014）。孟小峰和慈祥（2013）通过对大数据与数据库的概念进行对比，从数据规模、数据类型、模式和数据的关系、处理对象等方面分析了大数据的概念。涂子沛（2015）将大数据定义为那些大小已经超出了传统意义上的尺度，一般的软件工具难以捕捉、存储、管理和分析的数据，认为一般应该是"太字节"的数量级。潘璠（2014）提出大数据是指采用多种数据收集方式，汇集不同数据源，通过采用现代信息技术和架构能够高速分析处理的、具有高度应用价值和决策支持功能的多种类型数据及其技术集成。

随着信息技术的发展，以及互联网、物联网、云计算等的兴起，全球数据信息量呈指数级爆炸式增长，大数据应运而生，越来越多的国家将发展大数据上升为国家战略。地理信息资源随着获取渠道的多样化、获取方式的便捷化，数据产生速度加快，也进入"大数据时代"，形成了以大众为数据采集主体，以个性化、零散化的多源信息为数据内容的地理信息数据——地理大数据（袁存忠、邓淑丹，2016）。地理大数据除了具备大数据的 5V 特性①，还具有区域性、客观性、动态性等特点，为不同信息使用主体提供全面、综合、持续、现势性的地理动态信息，促进科学决策、科学评价和科学管理（张继贤等，2016）。

旅游作为一种时空行为，在大数据时代背景下呈现智能化和个性化趋势。在个性化旅游与信息化的双重发展形势下，旅游者对信息的依赖程度越来越高。旅游者的旅游体验过程实际上是一个旅游信息的输入、处理、输出、反馈过程。随着信息通信技术的不断进步，以及旅游市场的不断壮大，使旅游体验这个信息流动过程产生越来越多的数据信息，形成海量旅游交易数据和海量旅游交互数据，并进行海量旅游数据处理，产生了大量的地理信息数据，构成了地理大数据的一部分，本书将此类地理大数据定义为旅游大数据。通过对旅游大数据的挖掘，为研究游客行为、发现旅游目的地、提升旅游景区管理提供支持。

由于旅游业的综合性、服务性、区域性、层次性、信息关联性等特征，旅

---

① 即大量（Volume）、高速（Velocity）、多样（Variety）、真实性（Veracity）和价值（Value）。

游大数据已经是一个庞大而复杂的综合体。并且，随着旅游数据获取技术的更新和获取手段的增多，旅游大数据呈现以下特征：

第一，数据海量性。中国互联网络信息中心（CNNIC）发布的第 53 次《中国互联网络发展状况统计报告》显示，截至 2023 年 12 月，我国网民规模达 10.92 亿人，较 2022 年 12 月增长 2480 万人，互联网普及率达 77.5%；同期，我国在线旅行预订用户规模达 5.09 亿人，较 2022 年 12 月增加 8629 万人，占网民整体的 46.6%，信息化、数字化进程与旅游市场成长过程融合程度较高，大量游客依赖互联网产生了海量旅游数据。我国旅游业作为一个综合性产业，构成因素繁杂，涉及部门、领域众多，实现功能繁多，并相互关联。这样一个庞大的系统势必会产生巨大的数据量，并呈指数级增长。

第二，数据多样性。随着互联网多媒体应用的普及、数据获取手段的增多以及数据展示方式的丰富，除了传统的结构化数据外，用于记录旅游体验、宣传旅游目的地的声音、图片、视频等表现形式比重加大，数据种类和数据格式日益丰富，形成了结构化、半结构化、非结构化数据并存的数据模式。

第三，数据多维性。旅游体验是一个时空行为，在计算机预订系统、中央预订系统、全球分销系统、智慧景区以及社交平台等众多数据密集领域，数据呈现出多维度特点，包括时间维度、空间维度、游客基本信息维度以及游客感知维度，并且数据分析也逐渐向多维度发展，以及从综合考虑整个数据集合的各个因素，从数据整体的角度发现数据特征及知识。

第四，数据时效性。Sheldon 等（2014）指出信息通信技术是促进旅游业发展的支柱。作为一个信息密集型产业，旅游业对信息的依赖度非常高，旅游数据的时效性直接决定了信息的价值。一方面，游客通过实时查询旅游目的地信息，进行旅游决策，旅游目的地信息越及时，游客获得的信息越有用，实现出行的可能性越大。另一方面，旅游目的地要进行实时数据分析，通过收集并处理海量旅游信息，对游客需求做出及时反应，对未来做出精准预测。

第五，数据情感倾向性。《心理学大辞典》指出，情感是人对客观事物是否满足自己的需要而产生的态度体验，是态度在生理上的一种复杂而又稳定的评价和体验。旅游体验是游客寻求并获取愉悦的过程，通过比较旅游前的期望度和旅游中的感知度进行测度。因此，旅游者旅游经历中必然会产生积极或消极的情感（陈钢华、李萌，2020），即旅游体验存在情感倾向性。作为旅游客体的旅游目的地，也会因为自身的经营管理需要发布一系列带有感情色彩的信息"美化"自己。互联网上充斥着大量网络用户的主观评价，这些评价不同程度地反映了发布者对旅游的积极态度、消极态度及中立态度。

旅游大数据是旅游业所涉及的资料规模超出传统数据库软件工具抓取、存储、管理和分析能力的，关于旅游活动、旅游资源和旅游现象等客观事物的经整理后能被人类所解读利用的数据集合。《"十三五"旅游业发展规划》指出：一是利用大数据对游客数量、结构特征、兴趣爱好、消费习惯等信息进行收集分析，为旅游市场细分、精准营销、旅游战略制定提供依据。二是运用大数据对旅游消费信用等信息进行收集分析，加强对旅游市场主体的服务和监管。三是运用大数据对游客信息进行关联分析，进一步优化旅游公共服务资源配置。四是运用大数据对旅游景区信息关联分析，为景区流量控制及安全预警提供数据支持。

可以看出，在旅游活动中，旅游大数据的应用对游客、旅游经营者和旅游业都具有非常重要的作用，具体表现在以下四个方面：

第一，有效掌握游客的需求情况，促进游客产生旅游动机。如前所述，旅游体验由推力和拉力共同作用产生。旅游大数据根据海量游客信息，挖掘潜在游客相关旅游行为、兴趣、偏好，激发游客需求，形成旅游推力；多渠道信息传播方式和多样化信息展示方式，可以最大限度地释放旅游目的地信息，有助于潜在游客获取更多相关信息，体现旅游拉力作用。在推—拉力共同作用下，推动潜在游客完成旅游决策。

第二，提高管理效率，优化经营管理。旅游大数据分析和决策信息的获取成为旅游企业提升经济价值的关键途径。旅游大数据改变了企业传统的商业模式、经营环节和经营方式，利用商业智能的优势，扩大市场、降低成本、提升效率、应对危机、获得机遇，实现跨越式发展。

第三，有效推进旅游行政管理部门宏观管理。我国旅游业在宏观管理方面面临着一系列障碍：其一，行政区域的划分导致各地方政府追求各地辖区旅游收益最大化，而忽视与其他地区的协同发展，造成"热点过热、冷点过冷"的客流分布态势，严重损害了游客的体验感受，不利于景区的可持续发展，利用旅游大数据的虚拟性，有利于信息跨区域管理，有效引导旅游市场分流，实现旅游公共服务资源优化配置。其二，隶属部门较多造成景区多头管理和信息交换不顺畅，旅游大数据有助于建立综合性立体的旅游信息体系，构建公共信息集成利用模式，平衡不同部门的管理需求，解决旅游资源开发与保护的冲突。

第四，实现旅游资源可持续利用的有效途径。我国正处在大众旅游阶段，旅游经验不足、旅游宏观管理不足造成了旅游目的地面临游客超载、城乡发展的威胁。游客超载使旅游资源不堪重负，给资源造成无法弥补的损害；缺乏科学规划的城乡发展，使旅游资源地过度商业化、人工化、破碎化，严重损害了旅游资源地的原生环境。然而，这些威胁还将长期存在，不可避免。旅游大数据所依托的获取渠道和技术平台能够解决传统旅游资源管理中存在的问题。各种感应器作为大数据的重要来源，解决了传统旅游资源调查、旅游资源信息采集、旅游资源现状与价值评价速度慢、精度差、效率低的问题。庞大的存储能力可以存储旅游资源在不同时间产生的海量空间位置数据和属性数据，最大限度地保留旅游资源的"原真性"。分析技术为旅游资源实时监测提供了便利，旅游资源尤其是有形旅游资源往往规模较大，常规监管和监测十分困难。旅游大数据高速分析能力为旅游资源动态监测提供了条件，实现及时、持续的有效管理。

2000年"金旅工程"的实施，标志着我国旅游信息化进入全面建设阶段，旅游大数据在行政管理部门及行业单位的共同努力下得到快速发展。原国家旅游局建设了集导游管理、旅行社管理、投诉举报于一体的全国旅游监管服务平台和星级饭店统计调查管理系统，实现了旅游大数据在旅游行业和旅游经营方面的落实，促进了我国旅游行业标准化管理和宏观调控。然而，对于旅游吸引物和游客方面还未加以实施，因此，本书主要以关中汉唐帝陵为例，对旅游吸引物及其游客领域的旅游大数据展开分析。

二、帝陵与帝陵旅游

作为中国丧葬礼仪的最高级别，陵寝专指古代帝王的坟墓。从秦开始，中国进入封建社会。为显示帝王的至高无上和神圣尊严，皇帝动用巨大的人力、物力、财力为自己修造气势非凡的灵魂居所。在社会文化发展的推动下，帝王陵寝逐渐发展成一套完备的祭祀礼仪制度和丧葬制度，由地下宫殿、地上建筑以及陪葬墓共同构成，体现当时社会物质文化和精神文化水平。其中，陵园地上建筑、陵寝地宫以及附属的石像生、碑刻等反映当时的物质文明高度；而帝陵选址、葬式以及布局则透露出当时的精神追求（张建忠，2013）。本书将以上内容共同定义为"帝陵"，一座帝陵就是一个时代历史活动的写照，向后人展示着那个时代的信息，具有教育、避世、审美等体验特质。

帝陵是我国重要的文化遗产，因其秀美的自然风光、丰富的文化内容、强烈的历史效应，吸引了大量游客前往参观游览。本书将这种以帝陵为旅游吸引物，以体验帝陵文化氛围、欣赏帝陵景观为特定形式的，以获得文化审美为目的的高层次旅游活动方式定义为"帝陵旅游"。从游客角度来看，帝陵旅游因其满足游客教育和审美体验需求，是一种高层次的旅游体验，是旅游活动的高级阶段；从帝陵遗产管理者角度来看，帝陵旅游是一种实现帝陵遗产可持续利用的新模式，能够实现帝陵遗产开发和保护的平衡；从国家文化发展战略角度来看，帝陵旅游是强化文化自信、树立国家意识、增强民族凝聚力的有效途径，也是实现文化传承、加强文化生命力的有效手段。

三、旅游行为与旅游体验

旅游行为是指游客的行为，其研究对象是游客或潜在游客（黄万英等，2005）。旅游行为是游客最基本的标志。邱云美（2006）在进行游客地理研究时指出，旅游行为包括广义的旅游行为和狭义的旅游行为，广义的旅游行为是指游客在一次完整的旅游过程中，以旅游为目的的空间移动、游乐活动及与之相关的生活行为；狭义的旅游行为主要指游客在目的地内与旅游地理环境的性质和特性密切相关的那部分行为内容。吴琼（2015）研究背包客行为时提出，旅游行为是指游客所做出的信息决策和在购买、消费、评估、处理旅游产品时的行为表现，是人们通过旅行在异地开展的休闲消费活动，具有休闲型、异地性、消费性特点。马耀峰等（2008）将旅游行为分为旅游决策行为、旅游消费空间行为、旅游目的地评价等方面。

旅游体验是指游客在旅游过程中心理水平和心理结构的调整过程（马耀峰等，2008）。叶朗（2009）在国内较早地提出"旅游活动就是审美活动"的论断。潘海颖（2012）也认为旅游体验是一种跨文化的、身心共融的审美体验，满足了人们的审美愉悦，提升了人们的精神境界，体现了对未知的探索，以及对休闲境界的渴望。魏向东（2000）提出，旅游是为了满足一定的文化享受目的，通过异地游览的方式所进行的一项文化体验和文化交流活动。蒋光辉（2013）认为，真正的游客不应该是浮光掠影、走马观花、直奔目的地的匆匆过客，而应该是玩物适情、情与物游、品味全过程的体验者。谢彦君（2015）给出的旅游定义为，旅游是以前往异地寻求愉悦为主要目的而度过的一种具有社会、休闲和消费属性的短暂经历。这些学者都强调了旅游活动的休闲性与审美性，认为旅游是人的真正自在自为的生活体验，旅游的本质就是体验。与此同时，他们也明确了文化诉求是体验的核心动机。而从旅游体验的范畴来看，学者给出了两种见解，即广义的旅游体验和狭义的旅游体验。广义的旅游体验是一系列特定体验活动的产物，是游客感受旅游吸引物的过程，包括游客在一个特定旅游地划分时间来游览、参观、学习、感受所形成的个人感知、地方印象记忆消费的产品等。狭义的旅游体验是指为游客提供参与性和亲历性活动，使游客从中得到感悟。

本书认为，旅游行为和旅游体验是旅游活动的两种表现方式。旅游行为是旅游活动的显性形式和客观表征，在旅游活动的推进过程中表现为游前信息收集与决策过程、游中旅游消费体验过程、游后旅游总结过程三个阶段。旅游体验则是旅游活动的隐性内涵和主观感受，是游客对旅游吸引物的感知，在旅游活动中表现为游前旅游信息搜索、游中情感表达、游后心境总结三种方式。旅游行为与旅游体验共同展现了关中汉唐帝陵游客活动的规律。研究关中汉唐帝陵旅游行为，有助于掌握帝陵文化游客时间、空间规律，为细分旅游市场、了解和预测旅游市场趋势提供理论借鉴。其旅游体验研究，可以挖掘文化旅游本质，对提升帝陵文化旅游质量、有效改进文化旅游管理具有重要意义。

第二节 理论基础

一、游客体验理论

自 20 世纪 60 年代，Boorstin（1961）首次对旅游体验开始进行研究，之后对旅游体验的界定就不曾停止。他认为旅游体验是一种流行的消费行为，是大众旅游那种做作的、刻板体验。MacCannell（1976）则认为旅游体验是人们对生活困窘的积极响应，是一种追求本真的体验。Cohen（1979）将旅游体验定义为个人与各种"中心"之间的关系。对于个人而言，旅游体验是一种多功能的休闲活动，可能包括娱乐成分或学习，或兼而有之。我国学者对旅游体验界定的代表学者有谢彦君、邹统钎、谌莉、伍海琳等。谢彦君（2015）对旅游体验的定义是：处于旅游世界中的旅游者在于其当下情景深度融合时所获得的一种身心一体的畅爽感受，分为欣赏人类产品获得的审美体验和审美愉悦以外的世俗体验。邹统钎和吴丽云认为游客体验是为了获得某种舒畅而独特的体验。谌莉（2003）认为旅游体验是旅游者的内在心理活动与旅游客体所呈现的表面形态和深刻含义之间相互交流或相互作用后的结果，是借助于观赏、交往、模仿和消费等活动方式实现的一个时序过程。伍海琳（2006）定义旅游体验为对个体或社会具有一定意义的，领域主体积极参与并与旅游客体相互作用的结果。

体验是旅游活动的本质，是游客感受旅游吸引物的过程，因此具有一定的时间阶段性。Clawson 和 Knetsch（1969）依据时间序列提出休憩体验的 5 个阶段，即预期阶段、去程、现场活动、回程及回忆阶段，并由此开始影响以后的游憩体验历程，体验会随着不同的阶段而有序改变，游客体验主要集中于现场活动。在此基础上 Chubb 将旅游体验扩展为 11 个阶段：知晓阶段、最初决定阶段、探索阶段、最后决定阶段、预期阶段、准备阶段、去程阶段、主要体验阶段、回程阶段、紧随的调整阶段、回忆阶段（Chubb and Chubb，1981；余向洋，2006）。Aho（2001）指出旅游体验是一个动态过程，将旅游体验分为 7个阶段，并认为旅游体验阶段越多，旅游体验越强烈，其程度可以通过最新阶段所获得的旅游体验进行评估。

然而，在信息化时代，旅游体验在内容上越来越复杂，而在形式上越来越简单——出行前、旅行中、结束后。首先，对于游客而言，离开家门就意味着旅游的开始，即所谓的去程阶段、回程阶段已经算在"旅行中"，旅游者会将这两个阶段计入整个旅行感受中（祝畅，2016；汪丽、曹小曙，2015；王兆峰，2014）。其次，在出行前，互联网为游客提供了方便、快捷、海量的旅游数据，游客不仅可以了解自己感兴趣的景区、酒店、交通信息，还可以涉猎与自己相关的替代产品，网上搜索将知晓阶段、最初决定阶段、探索阶段、最后决定阶段、预期阶段、准备阶段合并成一个过程加以实现。游客在网上检索过程中逐渐了解旅游目的地相关信息、构建旅游目的地形象，并为未来行程进行切实可行的准备活动。最后，网络为游客提供了旅游后整理旅游体验的平台——博客，游客可以在自己的虚拟世界里发表自己的看法，总结此次旅游过程、整理旅游心情、提出建议，同时，也可以在不暴露个人情况的前提下，为其他有相同相近旅游偏好的网友提供出行参考。

二、信息分类与编码

（一）信息分类与编码的基本原理

大数据的发展将带来大规模的交易数据、行为数据和融合数据，数据将是未来企业竞争的核心战略资源。如何获取、存储、处理、挖掘这些海量的数据规模、快速的数据流转、多样的数据类型和价值密度低的数据，为管理提供决策依据是极其重要的工作。而完成这一工作的前提就是实现数据条理化和规范化。旅游大数据是旅游业中所涉及的资料规模超出传统数据库软件工具抓取、存储、管理和分析能力的，关于旅游活动、旅游资源和旅游现象等客观事物的经整理后能被人类所解读利用的数据集合。作为地理大数据的重要组成部分，旅游大数据的信息分类与编码是利用旅游大数据的基础工作之一。

信息分类与编码是标准化的一个领域，已发展成为一门学科，是将某种类型的信息按照科学的原则和方法进行归类并赋予编码的过程。实施信息分类与编码，可最大限度地消除信息命名、描述、分类和编码的不一致性造成的混乱、误解等现象，减少信息的重复采集、加工、存储等操作，使事物的名称与代码的含义统一后标准化。通过信息分类与编码，可以实现信息的交换与共享，指导信息化建设，改善数据质量、降低冗余，提高信息处理速度（曾三明，2008）。

王丙义（2003）认为，信息分类是根据信息内容的属性或特征，将信息按一定的原则和方法进行区分和归类，并建立起一定的分类体系和排列顺序。古发辉等（2008）认为，把相同内容、相同性质的信息以及要求统一管理的信息集合在一起，而把相异的以及需要分别管理的信息区分开，然后确定各个集合之间的关系，形成一个有条理的分类系统。蒋建军等（2010）则提出信息编码是将事物或概念赋予具有一定规律、易于人和计算机识别处理的符号，形成代码元素信息。代码元素是赋予编码对象的符号，即编码对象的代码值。

1. 分类原则

（1）科学性。分类时，要选择旅游信息中最稳定的本质属性或特征作为分类的基础和依据，以保分类结果的持久性。

（2）系统性。分类时，要将旅游信息属性或特征按一定排列顺序予以系统化，分出多个既相互独立又相互联系的子系统，形成一个合理的科学分类体系——旅游信息分类体系。

（3）可扩延性。分类时，要在类目的设置或层级的划分上，留有适当的余地，使得原有分类体系能够随着利用信息的增加不断得以扩充。

（4）兼容性。分类时，在分类方法上和分类项的设置上，应与相关标准（包括国际、国内、行业标准）协调一致，满足系统间的信息交换的要求，避免歧义。

（5）综合实用性。分类时，在满足系统总任务和总要求的前提下，尽量满足系统内部和相关单位的实际需要，站在用户立场考虑，分类力求简洁明了、实用性强，满足用户查询检索需要。

2. 分类方法

（1）线分类法。按照分类对象的某种属性逐级划分，形成类似树状结构的分类体系。分类对象可以看作树的根，按级别不同向下划分，形成不同形态和级别的树干，在这个分类体系中，同级类目互不交叉，上下级类目互相包含，类目集合构成分类对象整体。因此，线分类法也被称为层次分类法。层次性强、使用方便是线分类法的优点，但其缺点在于结构僵硬、不易变动，不利于信息管理。该方法适用于分类规则层次性清晰且对象集合较大的信息分类。

（2）面分类法。针对线分类法的不足，将分类对象的不同属性或特征看作不同的集合，每个集合成为一个面，这些面互不依赖、互不交叉，各个面内根据粒度和隶属关系划分为多个独立类目，形成分面—亚面—类目的结构。使用时，可根据需要将这些面中的类目组合在一起，形成一个复杂类目。不同的面不能交叉也不能重复，每个面有严格的固定位置，面的选择和位置的确定根据实际需要而定。结构弹性大、适应性强、兼顾多用户需要是其优点，但其缺点在于先期设计的类目利用率低，且难于手工处理信息。该方法适用于属性多样、分类规则复杂且用户广泛的信息分类。

（3）混合分类法。该方法为组合使用线分类法和面分类法，以其中一种分类法为主，另一种做补充的信息分类方法。该方法最大限度地克服了前两种方法的缺陷，满足不同用户的实际需要，但组配结构复杂，易造成信息存储冗余。

对比三种分类方法的优缺点，结合文化遗产对象特征及信息共享需要，本书选取混合分类法作为文化遗产信息分类方法。

3. 编码原则

（1）唯一性。旅游信息编码结果中一个代码只能唯一地标识一个分类对象或对象集合，同种信息代码相同，不同信息代码相异。

（2）可扩展性。在设计代码结构时应充分考虑旅游信息发展的需要，要为新的编码对象留出足够的存储空间来放置未来可能出现的新类型代码，并且要考虑新出现的编码对象与已编码对象之间的排序关系。

（3）简明性。代码结构应尽量简短明确，占有最少的字符量，以便节省机器存储空间和减少代码的差错率。

（4）系统规范性。旅游信息分类体系是一个完整的系统，由各个类目构成，在编码时应注意采用统一的编码方案，同一层级代码的类型、结构以及代码的编写格式必须统一。

（5）易于计算机管理。代码最终要输入代码系统，因而所设计的代码必须易于计算机管理。

4. 编码方法

信息代码的类型按照不同角度可有两种分类方式。按编码对象的不同可分为标识码和特征码，信息代码的表现形式主要可以分为三种：数字格式代码、字母格式代码和混合格式代码（陈刚、章磊，2006）。

（1）数字格式代码。数字格式代码是用一个或若干个阿拉伯数字表示编码对象的代码，简称数字码。其特点是结构简单，使用方便，排序容易并且易于推广，但是对编码对象的特征描述不直观，需要明确数字赋值语义。

（2）字母格式代码。字母格式代码是用一个或多个拉丁字母表示编码对象的代码，简称字母码。其特点，一是容量大；二是有时可提供便于人们识别的信息。字母码便于人们记忆，但不便于机器处理信息，特别是当编码对象数目较多或添加、更改频繁以及编码对象名称较长时，常常会出现重复和冲突的现象。

（3）混合格式代码。混合格式代码是由数字、字母组成的代码，或由数字、字母、特殊字符组成的代码，可以简称为字母数字码或数字字母码。其特点是基本兼有数字型代码、字母代码的优点，结构严密，具有良好的直观性，同时又有使用上的习惯，但是，代码组成格式复杂也带来了一定的缺点，即计算机输入不方便，录入效率低，错误率提高，不便于机器处理。

为实现信息共享，在编码时，要综合考虑旅游信息特征与分类体系结果，最终采用混合格式代码构建符合旅游信息特征的编码体系。根据旅游业构成特征，旅游大数据包括旅游行业结构数据集合、游客数据集合、旅游经营数据集合、旅游吸引物数据集合四个部分，每个部分又分为以下内容：

一是旅游行业结构数据集合包括企业组织信息、旅游产品信息、行业管理机构信息、旅游人力资源信息、旅游交通信息、旅游政策法规信息、旅游经济环境信息以及旅游服务规程信息等。

二是游客数据集合包括基本信息、需求信息、群体信息、关系信息、特征信息、支付能力信息、消费效益信息、需求变化信息、贡献度信息、细分信息、消费欲望和动因信息、潜在客户信息等。

三是旅游经营数据集合包括企业经营报表信息、财务报表信息、竞争对手状态信息、竞争对手战略战术信息、竞争对手采取的行动信息、市场环境结构信息、产品更新换代的周期信息、旅游经营上下游企业信息、行业内市场结构变化与发展信息等。

四是旅游吸引物数据集合包括自然旅游吸引物信息和人文旅游吸引物信息以及其所在的环境信息和生态信息等。

本书重点研究关中汉唐帝陵游客体验行为，因此，重点对文化遗产及游客体验两个方面进行信息分类和编码。

（二）文化遗产信息分类与编码

文化遗产是指具有历史学、科学、艺术或文化价值的人类杰作，象征着历史文明的多元与灿烂，体现着独特的思维方式和文化价值，已经成为一个国家的根基和发展的原动力，对文化遗产的保护与传承就是对人类文化多样性的维护。但由于文化遗产的形成与发展具有特定的历史和环境条件，呈现极强的不可再生、不可复制及不可逆性，对其保护与传承不仅是对《保护世界文化和自然遗产公约》（以下简称《世界遗产公约》）里提到的纪念物、建筑群、场所，更要强化对文化遗产存在环境及演变过程的保护与传承。需要保护的内容、项目之多已是传统概念里的文物保护所不能全部涵盖的。兴起于20世纪60年代的信息化以现代通信、网络、数据库技术为基础，实现信息资源高度共享、提高各种行为的效率，为推动人类社会进步提供了极大的技术支持。信息化在信息获取、信息传递、信息处理、信息再生、信息利用方面的优势使得其成为文化遗产保护与传承的重要手段。20世纪80年代我国文化遗产信息化就已起步，但发展速度慢、取得效果甚微，与同期其他领域的信息化发展存在着相当大的差距。其中一个重要的原因是缺乏对文化遗产信息的准确分类与编码，即面向对象属性的文化遗产信息标准化工作的欠缺。

文化遗产信息是指与文化遗产有关的各种信息，即一切能够反映文化遗产存在方式、运动状态、联系规律等的表征。陈刚和章磊（2006）认为文化遗产信息可以区分为：自然的物质性信息、功能性信息，揭示文化遗产的意义、联系性信息，以及时间记录性信息，揭示文化遗产所经历的各时间段的记录。覃京燕（2006）在研究文化遗产的数字化过程时，根据文化遗产信息产生机理，将文化遗产信息分为"外部限定因素"与"内部构成因素"："内部构成因素"就是与物质相关的因素，包括文化遗产的类型、形制、形态、功能、分期、朝代、层位等自然环境因素；"外部限定因素"是指与精神相关的因素，包括文化遗产形成的文化背景、宗教背景、政治背景、经济背景、技术背景，以及文化遗产形成之时创造者的意识状态，如主观认识、知觉经验、思维经验、情绪经验、记忆经验、创造性想象的经验以及梦的经验等。由此可以看出，文化遗产信息内涵复杂、外延广阔，凡是与文化遗产有关的事物都可能是文化遗产信息。这一特质既为我们保护和传承文化遗产提供了依据，也为文化遗产的综合利用带来了障碍。文化遗产信息的跨部门共享难度增大，因此，开展文化遗产信息分类与编码工作迫在眉睫。为了使分类编码体系更具科学性，选择面向对象的分析方法作为分类编码方法论基础，即主张从文化遗产客观存在出发来构造系统，按照人们惯常思维方法来认识、理解和描述客观事物，围绕文化遗产自身特性以及各文化遗产个体之间相互关系进行分类。

文化遗产信息化是指充分利用现代信息技术手段，深入开发利用文化遗产信息资源，全面提升文化遗产保护、抢救、利用和管理工作水平的过程（陈刚、章磊，2006）。文化遗产信息共享和系统集成是文化遗产信息化的基础，而文化遗产信息标准化则是信息共享和集成的前提，文化遗产信息分类与编码是实现文化遗产标准化的必由之路。

1. 文化遗产信息分类体系

（1）文化遗产信息结构。对于文化遗产对象个体，其信息根据面向的用户需要应包含三个方面：内容描述、相关实体资源描述以及管理描述（龚花萍等，2015；刘美杏、徐芳，2019）。其中，内容描述信息包括文化遗产类别、分布区域、历史渊源、传承世系等；相关实体资源描述信息包括与文化遗产相关的负责人、文化空间、相关实物、文献、网络资源等物理实体、数字实体；管理描述信息包括文化遗产管理结构化信息系统构建过程中形成的信息数据等（见图2-1）。

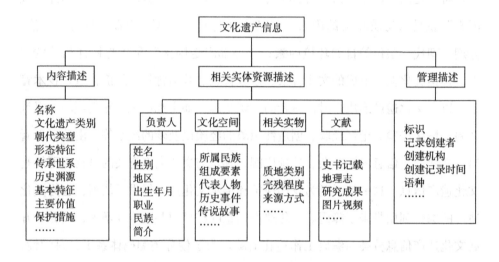

图2-1　文化遗产信息结构

面向对象的分析的一个基本特点就是具有一致属性和行为的对象抽象成类，这种属性必须是与应用有关的重要性质，同时要忽略其他与应用关系不大的内容。因此，本书选取内容描述作为文化遗产信息分类的属性依据。

（2）文化遗产分类体系。关于文化遗产内涵的界定，当前比较通用的是《世界遗产公约》和《国务院关于加强文化遗产保护的通知》两个文件中的提法。两者都将文化遗产分为物质文化遗产和非物质文化遗产，并且都强调文化遗产具有极其重要的历史、艺术和科学价值，对所在国家和地区乃至整个世界文明的保护、展示、传承肩负重要意义。综合两者对文化遗产分类的解释，以及文化遗产在传承中华文化、普及科学知识以及发展文化旅游等方面的作用，本书建立了如图2-2所示的文化遗产分类体系。

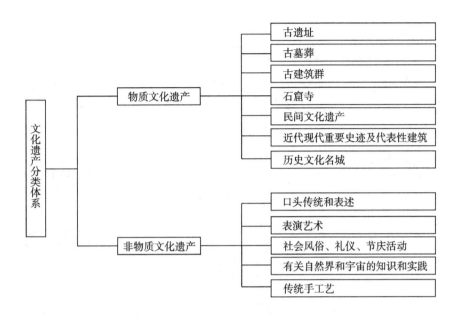

图 2-2　文化遗产分类体系

2. 文化遗产信息编码模型

结合前文文化遗产信息结构及文化遗产分类体系分析结果，综合考虑编码结构和编码表示方法，从便于计算机管理的角度出发，最终确定文化遗产信息分类体系编码采用以内容描述为核心的分类依据、"类型（码段1）+地理位置（码段2）+朝代世系（码段3）+主要价值（码段4）+标识码（码段5）+相关实体资源描述（码段6）"形式，代码采用字母+十进制数字的混合格式编码方式，编码结构采用链式结构，最终实现18位文化遗产信息编码，如图2-3所示。

（1）类型编码。类型编码是依据文化遗产性质差异进行标准编码的，编码的目的是识别文化遗产的本质属性及运动特征。该码位由字母+1位数字组成，字母表示文化遗产大类，数字表示文化遗产亚类，如图2-4所示。

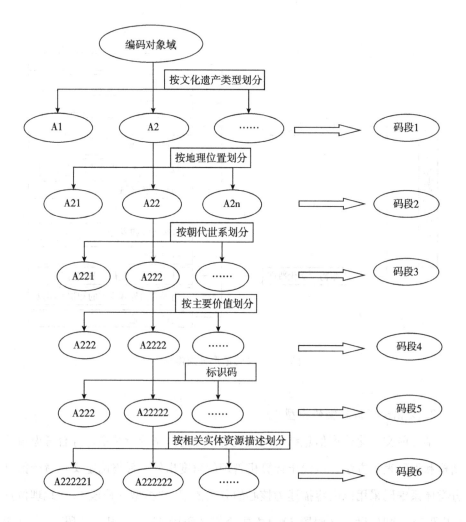

图 2-3 文化遗产信息编码结构

（2）地理位置编码。无论是物质文化遗产还是非物质文化遗产，都依托特殊的地理环境，地理位置既是文化遗产存在的载体，又是文化遗产产生的物质基础。考虑到计算机管理以及与其他信息平台的信息共享，地理位置编码采用城市（地区）行政区划代码体系，将文化遗产的地理位置归集至城市一级。这种编码设计既符合文化遗产管理保护需要，也符合旅游者信息检索习惯（张敏等，2019）。该码段由 4 位数字组成，前 2 位为省份代码，后 2 位为城市代码。

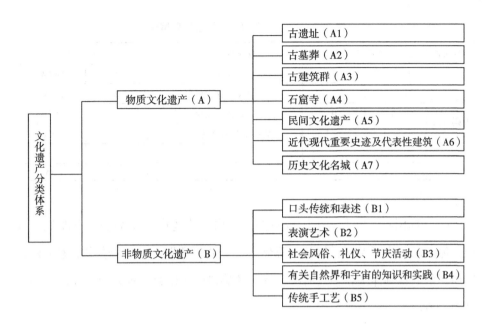

图 2-4　文化遗产类型编码示意

（3）朝代世系编码。朝代世系编码是对文化遗产形成时间进行的标准编码，是为文化遗产信息进行时间定位。我国是世界上唯一拥有五千年文明且不曾中断的国家，从旧石器时代到文明社会，各时代的文化连续发展，造就了数量巨大且极具时代特色的文化遗产。朝代世系一定程度上决定着文化遗产的内涵和形态，通过文化遗产来体现特定历史时期宇宙观、价值观和发展观。朝代世系编码以中国历史纪年表作为依据，4 位数字组成，前两位为朝代代码（代码范围 "01~99"），后两位为世系代码（代码范围 "01~99"）。

（4）主要价值编码。文化遗产的主要价值表现在传承中华文化、普及科学知识以及发展文化旅游等方面，因此，文化遗产的主要价值属性由三个方面构成，即是否列入世界遗产名录、是否在我国官方保护范围之内以及作为旅游吸引物的等级（即景区级别，依照国家 A 级景区评定级别编码）。三个方面为并列关系，共占 4 个码位（见表 2-1）。

表 2-1　文化遗产的主要价值信息编码

主要价值	世界遗产名录		国家保护程度		景区级别	
	已列入	1	全国文物保护单位	1		AAAAA
	拟列入	2	省级文物保护单位	2		AAAA
编码方式	未列入	0	国家级非物质文化遗产	3		AAA
			省级非物质文化遗产	4		AA
			其他	0		A
						0A

（5）标识码。以上 4 个码段只能表达出文化遗产信息类别，不能唯一标识具体对象，为了保证最终的编码体系"一物一码"，在编码结构中添加标识码使得信息在具体类目中具有唯一性。该码段由 3 位数字码表示，代码范围为"001~999"。

（6）相关实体资源编码。相关实体资源编码是为了更好地展现文化遗产内涵而设置的码位，方便用户及管理者更好地检索、管理文化遗产实体相关信息，满足各类用户具体需要。该码段用 1 位数字表示，代码范围（1~9）：1 表示负责人；2 表示文化空间；3 表示相关实物；4 表示文献，并留有余位以备扩充。

3. 文化遗产信息编码示例

文化遗产信息编码是实现文化遗产信息化的基础。根据文化遗产信息分类体系结果以及上述编码模型的构造，最终得到文化遗产信息分类编码结构：XX-XXXX-XXXX-XXXX-XXX-X，共 6 段 18 位。表 2-2 以关中西汉帝陵为例，来说明文化遗产分类编码体系的应用。

表 2-2　关中西汉帝陵文化遗产信息分类编码

ID	信息代码	帝陵名称	文化遗产类型	位置	朝代	世系	是否世遗	文保级别	景区级别	相关实体资源描述
1	A2-6104-0901-010A-001-3	长陵	古墓葬	咸阳市	西汉	刘邦	否	全国文物保护单位	未列入 A 级景区	皇后之玺

续表

ID	信息代码	帝陵名称	文化遗产类型	位置	朝代	世系	是否世遗	文保级别	景区级别	相关实体资源描述
2	A2-6104-0902-010A-001-1	安陵	古墓葬	咸阳市	西汉	刘盈	否	全国文物保护单位	未列入A级景区	负责人信息
3	A2-6101-0903-010A-001-2	霸陵	古墓葬	西安市	西汉	刘恒	否	全国文物保护单位	未列入A级景区	薄太后墓
4	A2-6104-0904-014A-001-2	阳陵	古墓葬	咸阳市	西汉	刘启	否	全国文物保护单位	AAAA	阙楼
5	A2-6104-0905-014A-001-2	茂陵	古墓葬	咸阳市	西汉	刘彻	否	全国文物保护单位	AAAA	霍去病墓
6	A2-6104-0906-010A-001-4	平陵	古墓葬	咸阳市	西汉	刘弗陵	否	全国文物保护单位	未列入A级景区	《汉书·宣帝纪》
7	A2-6101-0907-010A-001-2	杜陵	古墓葬	西安市	西汉	刘询	否	全国文物保护单位	未列入A级景区	负责人信息
8	A2-6104-0908-010A-001-3	渭陵	古墓葬	咸阳市	西汉	刘奭	否	全国文物保护单位	未列入A级景区	玉奔马
9	A2-6104-0909-010A-001-1	延陵	古墓葬	咸阳市	西汉	刘骜	否	全国文物保护单位	未列入A级景区	负责人信息
10	A2-6104-0910-010A-001-4	义陵	古墓葬	咸阳市	西汉	刘欣	否	全国文物保护单位	未列入A级景区	《汉书·哀帝纪》
11	A2-6104-0911-010A-001-1	康陵	古墓葬	咸阳市	西汉	刘衎	否	全国文物保护单位	未列入A级景区	负责人信息

关中西汉帝陵文化遗产信息分类编码表显示出本文化遗产信息分类与编码体系具有以下特征：

（1）重点突出。文化遗产根据其性质分为物质文化遗产和非物质文化遗产，不同性质涉及的信息差异巨大；文化遗产又具有时间和空间双重属性，特殊的时代和地理环境造就其不同的形态特征和文化底蕴。本信息分类与编码体系充分考虑文化遗产的三个基本属性，将其作为分类的首选标准，以确保分类依据的稳定性和分类结果的持久性。我国的文化遗产多成为其所在地区的"名片"，对于社会各个领域都具有较大吸引力，社会价值巨大。然而，文化遗产是在漫长历史过程中形成的，环境的变化造成其极易破坏，因此，保存的完整程度也反映出社会对其的重视度。本信息分类与编码体系将主要价值属性列为分类标准，充分显示出文化遗产的价值。

（2）功能性强。本文化遗产信息分类与编码体系重点突出，以类型、空间、时间、主要价值及相关实体资源作为分类标准，这些属性覆盖了文化遗产的多维基本特征，便于不同用户的信息检索。用户以自己关注领域均可检索到对应的文化遗产基本信息，并可扩展到其他相关领域信息收集。

（3）条理清晰。已有的我国文化遗产分类编码体系，如《全国重点文物保护单位名单》，多是按照"文物保护对象属性+所在省份+随机编号"，信息分类粒度不统一且没有固定的编码规则，不能有效地进行文物保护信息管理。相比之下，本体系条理清晰，各层次类目数量相当，对于同一层次进行了编码规则设定，可进一步充实原有分类编码体系。

（4）便于计算机管理。信息化、智慧化建设的本质就是利用计算机网络对各种资源进行管理，从而提高管理效率。本体系以简练的语言表达了文化遗产分类标准，并设置了统一的集约化的编码体系。该体系既充分覆盖了文化遗产信息，又避免了信息表达的冗余，充分考虑了计算机在信息表达、交换与共享方面的管理要求。

（三）游客体验信息分类与编码

游客体验信息是指与游客旅游活动相关的各种信息，包括基本信息、需求信息、群体信息、关系信息、特征信息、支付能力信息、消费效益信息、需求变化信息、贡献度信息、细分信息、户消费欲望和动因信息、潜在客户信息等。由此可以看出，游客体验信息内涵复杂、外延广阔，游客旅游过程中产生的一切行为和现象都被列入游客体验信息。游客体验信息为我们有效掌握旅游者需求情况、预测旅游市场趋势、管理旅游目的地提供了依据。但是，其复杂性为有效利用这一资源带来了障碍。

目前有关旅游信息分类与编码的研究多是对旅游景区、旅游资源及文化资源进行的（王晓峰等，2013；梁昊光、兰晓，2014），关于游客体验信息分类与编码的研究甚少，因此，为了更好地研究遗产地游客体验特征、寻找游客体验规律，本书尝试进行游客体验信息分类与编码。

本书从游客体验客观出发，围绕游客体验构成要素及其相互关系，按照旅游行为规律，选择面向对象分析方法作为分类编码方法论基础，进行分类。鉴于当前游客体验信息获取的客观情况，本书选择文化遗产地游客网络平台数据作为游客体验元数据进行信息分类与编码。

1. 文化遗产地游客体验信息分类体系

作为游客体验信息的用户，文化遗产地经营管理者需要了解三个方面信息，即游客基本信息、旅游体验本体信息、旅游体验影响信息。

（1）游客基本信息包括网络平台账号、性别、年龄、客源地（居住地）。

（2）旅游体验本体信息是游客对旅游体验描述的信息，包括旅游体验发出位置信息、旅游体验发出时间信息、旅游体验评价内容。旅游体验发出地点以经纬度表示，旅游发出时间以年、月、日、时表示，旅游体验评价内容分为文本、图片、视频、音频等类型。

（3）旅游体验影响信息是指游客发出旅游体验信息后对网络用户的影响程度，包括粉丝数量和跟帖数量。其中，粉丝数量反映了游客能够影响的范围，跟帖数量则反映游客影响的深度。

2. 文化遗产地游客体验信息编码模型

结合前文文化遗产地游客体验分析结果，综合考虑编码结构和编码表示方法，从便于计算机管理的角度出发，最终确定文化遗产地游客体验信息分类体系编码采用以功能需求为分类依据、"网络平台账号（码段1）+客源地/居住地（码段2）+性别（码段3）+年龄（码段4）+旅游体验发出地点（码段5）+旅游体验发出时间（码段6）+旅游体验评价文本（码段7）+旅游体验评价图片（码段8）+旅游体验评价视频（码段9）+粉丝量（码段10）+跟帖量（码段11）"形式，代码采用十进制数字格式编码方式，编码结构采用链式结构，最终实现42位文化遗产信息编码。

（1）网络平台账号编码。该编码是由用户账号构成，编码的目的有三点：一是确定游客的重游情况，即在众多游客体验信息中查找某位游客的旅游经验，从而识别出游客的旅游需求；二是确定游客在景区内的旅游体验，根据该编码可以发现游客在景区内的旅游路径及对景区内景点的体验感受，为改进景区管理提供依据；三是确定文化遗产地网络意见领袖，根据网络平台账号出现的次数、地点，可以识别出哪些游客是本遗产地网络舆论的引导者，通过他们积极传递遗产地消息，更好地营造网络口碑。该码位由网络平台设置的 10 位数字用户 ID 组成，代码范围"0000000001~9999999999"。

（2）客源地/居住地编码。客源地或居住地信息是影响游客体验的根本因素之一，也是旅游市场细分的重要依据。考虑到文化遗产地客源地的实际情况，编码采用国家与城市（地区）行政区划混合编码方式，国内游客归集到城市一级，海外游客归集到国家一级，方便旅游目的地管理需要。该码段由 4 位数字组成。国内客源地代码采用"中华人民共和国行政区划代码"，前 2 位为省份代码，后 2 位为城市代码，代码范围"1100~8200"。海外客源地代码以"ISO-3166-1 全球国家名称代码"为基础，在相应代码前加"0"，从而构成 4 位编码。

（3）性别编码。自从旅游体验正式进入研究者视野，性别就成为其中重要的研究内容（Matos et al., 2015；Wacław et al., 2015；Cardinale et al., 2016）。作为旅游体验的重要影响因素，对性别进行编码，可以总结出不同性别市场规律及对遗产地旅游体验感受，挖掘出男女游客的不同旅游偏好，精准设计旅游产品和项目。该码段由 1 位数字"0/1"构成，其中男为 1，女为 0。

（4）年龄编码。不同年龄游客对文化遗产的认识差异很大，旅游体验的感知以及表达旅游体验的方式也会受到年龄的影响（高璟等，2017；宋涛等，2013；白凯、马耀峰，2007；聂献忠等，1998）。对年龄进行编码，可以总结出不同年龄层次游客对遗产地的旅游态度，挖掘出不同年龄层的旅游需求，精准设计旅游产品和项目。该码段由 2 位数字构成，代码范围"01~99"。

（5）旅游体验发出地点编码。旅游体验发出地点是掌握游客体验行为轨迹的重要依据。在基于位置的服务（LBS）广泛推行下，旅游经营管理者可以确定移动用户所在的地理位置，并为之提供相应的信息服务。该信息的重要性表现在以下方面：一是提供游客体验的绝对位置，可以预测景区拥堵情况，提前实现游客分流，提高游客容量管理能力；二是与网络平台账号信息联合使用，发现游客旅游路径规律，为景区二次规划开发提供依据；三是与客源地信息联合使用，分析游客跨区域旅游规律，发现旅游体验信息发出地与客源信息空间耦合性，进而得出旅游体验信息发出时空规律。该码段选择旅游体验信息发出地点的经纬度来代替，代码表示方式参考王晓峰旅游信息三维分类编码体系（王晓峰等，2013），由 9 位数字构成，前 5 位是经度代码，代码范围"00001~99999"，后 4 位是维度代码，代码范围"0001~9999"。

（6）旅游体验发出时间编码。旅游体验发出时间是掌握游客体验时间特征的重要依据。通过对时间的统计，一是可以了解游客在一年、一月、一周、一天内时间分布的密集程度，找出遗产地淡旺季规律，进行游客时间分流；二是可以间接了解游客从出现旅游需求到旅游实施的时间间隔，为创造客源提供理论支持；三是可以了解游客在旅游目的地停留时间，结合旅游评价内容，判断旅游产品组合的科学性。该码段由 9 位数字构成，第一段 4 位为年份信息，用 4 位数字表示，代码范围"0001~9999"；第二段 2 位为月份信息，用 2 位数字表示，代码范围"01~12"；第三段 1 位为日期信息，用 1 位数字表示，代码范围"1~7"；第四段 2 位为时刻信息，用 2 位数字表示，代码范围"01~24"。

（7）旅游体验评价内容编码。旅游体验评价内容一般由文本、图片、视频等形式表现出来，游客通过文本、图片、视频表达自己对遗产地的看法和情感，因此该部分由 3 个码段构成——旅游体验评价文本、旅游体验评价图片、旅游体验评价视频。三者编码方式相同，编码分别以是否采用这些形式来确定，即每个码段由"0/1"1 位数字表示，其中，"0"表示不采用，"1"表示采用文本/图片/视频,为识别游客旅游体验方式提供依据。

(8)旅游体验影响信息编码。互联网时代为个人言论提供了一个相对平等和自由的空间,意见领袖不再是靠个人魅力、思想权威来引导舆论,而是凭借其活跃程度及其影响范围来确定其在网络舆论中的地位,其衡量依据就是粉丝量和跟帖量。但是从网络平台的实际情况来看,无法对粉丝量和跟帖量绝对值进行分类。因此,为区分两者,分别引入一个参考值——粉丝量中介值和跟帖量中介值进行分类。编码方式:2个码段分别用1位数字表示,大于中介值的赋"1",低于中介值的赋"0"。

3. 文化遗产地游客体验信息分类编码示例

根据上述文化遗产地游客体验信息分类体系及编码模型的构造,最终得到文化遗产地游客体验信息分类编码结构:XXXXXXXXXX-XXXX-X-XX-XXXXXXXXX-XXXXXXXXX-X-X-X-X-X,共11段40位。

表2-3以关中汉唐帝陵游客体验为例,来说明文化遗产地游客体验信息分类编码体系的应用。

由表2-3可以看出,文化遗产地游客体验信息分类编码体系具有以下特征:

(1)重点突出。旅游体验是一个复杂的时空行为,包含了大量游客行为信息。该信息分类体系体现了旅游体验的基本构成要素,包括游客基本信息、旅游体验内容、旅游体验的表达途径、旅游体验影响力。

(2)融入时空特征。该信息编码体系体现了旅游体验的时间动态性和空间变化性,能够反映游客在不同时间、空间下的旅游体验感受,为不同领域信息共享、管理和更新提供支持。

(3)结合旅游特性。借鉴其他领域信息分类编码的成果,首次尝试对旅游体验信息本质进行提炼整合,为旅游体验信息标准化管理提供依据。

(4)便于计算机管理。将旅游体验信息和社交网络信息纳入统一的分类编码体系,实现多源信息的有机整合。

表 2-3 文化遗产地游客体验信息分类编码

ID	信息代码	网络平台账号	客源地/居住地	性别	年龄（岁）	旅游体验发出地点	旅游体验发出时间	旅游体验评价文本	旅游体验评价图片	旅游体验评价视频	粉丝量	跟帖量
1	0001862673610102510823345220150710710000	1862673	陕西省西安市	女	25	东经108.23° 北纬34.52°	2015年7月周一7点	Hot [太阳]	无	无	0	0
2	0001809634320813010823345320160731110010	1809634	江苏省淮安市	男	20	东经108.23° 北纬34.53°	2016年7月周三11点	#你爱黄晓明版的汉武帝!还是黄晓明版的汉武帝#来到茂陵,汉武帝刘彻的我知道了汉武帝!是晓明哥让我那喜欢黄晓明!(祝福晓明,baby永远幸福!)	无	无	1	0
3	0001830284330303410821345720150742210011	1830284	浙江省温州市	女	34	东经108.21° 北纬34.57°	2015年7月周四22点	乾陵（武则天和李治合葬的地方）	无	无	1	1

续表

ID	信息代码	网络平台账号	客源地/居住地	性别	年龄（岁）	旅游体验发出地点	旅游体验发出时间	旅游体验评价文本	旅游体验评价图片	旅游体验评价视频	粉丝量	跟帖量
4	00017938515101044108233455201606612100011	1793851	四川省成都市	女	44	东经108.23° 北纬34.55°	2016年6月 周六 12点	参观完武则天无字碑……好想全面深入了解唐朝。特别是武则天	无	无	1	1
5	00018118710203610823345520150461310001	1811818	台湾省高雄市	女	36	东经108.23° 北纬34.55°	2015年4月 周六 13点	走过了武则天的头、胖子、腰和胸[害羞]看了仿唐地宫。太子公主墓。着着只有一个人的观光车。司机呢小伙子有偷帅[害羞]偷的假期。走到都有人说我[害羞]可我只是热爱流浪。因为回咸阳下留了个下个地址。吃了这里很有名的乾县豆腐脑	无	无	0	1

三、原真性

原真性（Authenticity），又被称为真实性、本真性，在遗产旅游中具有两个层面的含义。一个层面表现为其是遗产资源评估的重要方面。一般来说，原真性属于那些在物质上是原始或真实的、并随着时间老化和发生变化的遗产资源。1964 年的《威尼斯宪章》首次提出原真性概念，以此作为遗产保护的任务之一。在接下来 30 年的世界遗产保护进程中，原真性理念一直被传承，直到 1994 年《奈良真实性文件》（以下简称《奈良文件》）才明确赋予原真性的价值和内涵，认为原真性是文化遗产的根本价值和基本特征，是判断文化遗产意义的工具，而其自身通过对文化遗产源起及连续特征的信息可信性和真实性的考察进行全面评估。《实施〈世界遗产公约〉操作指南》指出，原真性包括四个方面：设计上的真实性、材料上的真实性、工艺上的真实性、背景环境上的真实性。材料上的真实性是设计和工艺上的真实性的首要标准，其与背景环境的真实性一道构成文化遗产资源的界定标准。

另一个层面表现在旅游体验的内核要求上。基本与《威尼斯宪章》同时，旅游研究也开始关注原真性，但是他们认为旅游本身毫无原真性可言，旅游的过程就是寻求一种虚假性和不真实性（Boorstin，1962），随后，虽有学者加以驳斥，认为旅游者正是通过旅游来实现对原真性的追求（MacCannell，1976）。然而，有别于文化遗产领域中强调原始性、真实性、整体性，他们认为原真性只需要设置各种旅游设施，能够让游客感受到社区真实情况，就可以满足游客需要，也就是"舞台真实性"（Staged Authenticity）。这种观点一定程度上割裂了旅游产品与旅游目的地文脉的联系，造成接下来数十年大量人造主题景区的出现。而事实也证明，这种缺乏文化生命力、割裂与环境关系的舞台真实性是错误且不可持续的。

原真性在两个层面上的阐释，带来了且将继续下去的学术界巨大争论，同时也让如何实现原真性的主题历久弥新。现实主义真实性认为真实性是一种可以表述和度量的、可辨别和客观的真相，是客观存在。该理念突出了遗产地解说系统及展示方式的重要性，同时也要求旅游开发者应全面掌握遗产地信息，以保证遗产得到最全面、最系统的保护。建构主义真实性认为真实性是主观的、易变的，不同主体的认识存在差异性。因此，遗产地旅游体验是个性化的，游客个人特征是旅游体验的重要构成要素之一，也说明旅游体验是可以创造的，亦可以管理，可以通过构建旅游者个体某种情感，激起真实和怀旧的感觉加以实现（创造）。后现代主义真实性更近似于 Boorstin（1962）提出的"虚构"论，认为幻象可以替代真实世界，旅游目的地是能够提供同品质复制品的场所，可以通过模拟的、虚构的事物代替真实的过程。对于旅游者而言，这种真实性更符合他们的设想，既能够传递遗产地的知识和信息，又能避免遭遇旅游目的地不堪的景象和体验。虽然后现代主义真实性质疑了事物原真性，但是为打破长久以来文化遗产保护与利用间的矛盾提供了新思路：复制或创造文化特征显著的、具有符号意义的遗产景观，同时又保护了脆弱的文化免受破坏。

无论是何种原真性思潮，旅游信息在遗产旅游体验中的意义都是非凡的：面对日益消亡并更新的过往，尽可能多地保留历史文化原真性，需要对文化遗产信息的全方位采集、储存、管理。即便是所处的环境消逝，我们依然可以从信息中体味其丰富多彩的过去。旅游供给源于旅游需求，游客的体验需求是企业旅游产品的基本范本。从纷繁复杂的游客信息中提炼出游客共性特征，寻找新的市场机会，提供创新性旅游体验感受，从而实现文化遗产的旅游价值。

四、旅游推拉理论

推拉理论（Push and Pull Theory）最早可以追溯到 19 世纪由英国学者 Ravenstien 提出的有关人口迁移的规律。20 世纪 50 年代末，美国学者 Bogue（1969）系统阐述了人口迁移的推拉理论，提出人口迁移受两种方向的力量共同作用：一种是促进人口转移的力量，另一种是阻碍人口转移的力量。

旅游活动作为现代社会最大规模的人口流动，依然受到"推力"和"拉力"的作用，推拉理论依然可以作为研究旅游者行为的有效途径。Dann（1977）在分析了旅游动机中一些被忽视的社会因素后，对推力和拉力作了进一步解释。他认为，以"失范""自我提升"等游客内在需求为代表的推力因素是旅游活动产生的主观内生动力，是构成旅游动机的本质，拉力则是以旅游吸引物为代表的客观外在吸引力。Crompton（1979）将影响游客旅游目的地选择的因素分为两大类、9项，其中7项是属于"推力"的社会心理失调因素（逃离日常环境、发现和评价自我、放松、声望、回归、加强亲情关系、促进社会互动），2项是属于"引力"的文化失调因素（新奇感、受教育）。

在接下来的研究中，学者开始有侧重性地进行推拉理论的深入探讨（见表2-4）。拉力因素突出的是有别于日常生活的差异性，地方、不同、特色等词汇出现频率较高，旅游目的地自身属性影响着旅游者决定前往某一特定旅游目的地，是客观存在的、外在的。因此，是否能够保持并展示目的地原真性，将旅游过程与游客惯常生活区别开，是旅游目的地管理最重要的工作和任务。推力因素强调的是游客的个人感受，是旅游者本身产生旅游行为的动力，是主观的、内在的，冒险、挑战、逃离等词汇的出现正说明这一点。注重个人感受是体验的根本特性，研究游客体验，捕捉游客个人感受，是发现游客对旅游目的地、旅游产品的潜在需求的重要途径，同时也是进行游客行为管理的理论基础。

表2-4 国外学者提出的推拉力因素

	拉力	推力
因素	享受地方文化和生活方式、感同身受（Ho and Peng, 2017）；旅行社服务质量、导游服务质量、自然人文特色、休闲氛围（Utama, 2016）；寻求攀爬的新奇感、攀爬旅游设施（Caber and Albayrak, 2016）；良好的组织、趣味性、精彩、强化节日的本质、舒适（Ayazlar and Ayazlar, 2015）；遗产/文化、不同文化之间的吸引力、舒适—放松、海滩度假地、户外资源、乡村以及价格便宜（Turnbull and Uysal, 1995）	知识与体验、游览旅游吸引物、休闲放松、研究与声望（Božić et al., 2017）；改善健康状况、锻炼身体（Utama, 2016）；健身、挑战（Caber and Albayrak, 2016）；精神净化、道德教化、休闲放松、逃避、社交聚会、家庭幸福、文化发觉（Fu et al., 2010）；寻求冒险、好奇心、享受艺术、体验当地/异域文化（Ayazlar and Ayazlar, 2015）；文化体验需求、体育与冒险、家庭关系维系、声望、逃离（Mcgehee et al., 1996）

第三节 文献评述

相关理论和文献系统、综合的梳理，对把握国内外研究进展及趋势具有积极作用，能够为后续研究提供理论借鉴，并有助于确定研究方向及思路。根据研究主题的需要，对旅游体验、遗产旅游、大数据三个领域的国内外研究成果进行阐述和分析。随着科技发展、科研条件改善，国内外学者的研究成果呈几何级数增长，尤其是近些年来，已经没有哪位学者、哪篇文章能够在各自领域"一枝独秀"。为了更好地总结、梳理相关研究领域的文献资料、捕捉研究趋势，本节引入文献计量学方法对研究成果进行系统分析。

文献计量学是以文献体系和文献计量特征为研究对象，采用数学、统计学等的计量方法，研究文献情报的分布结构、数量关系、变化规律和定量管理，并进而探讨科学技术的某些结构、特征和规律的一门学科（党亚茹，2005）。自20世纪80年代开始，文献计量学在我国学科研究方向、核心期刊、核心作者等方面得以应用，90年代后全面且广泛推广至除动力与电气工程、宗教学之外的所有一级学科，并与计算机技术、网络技术相结合，形成网络信息计量学（范全真等，2009）。文献计量学通过对文献的统计分析，提炼出学科研究新趋势，揭示了学科领域发展的新方向，推进了学科内容的新发展，促进了新理论的形成（安源、张玲，2014）。

作为文献计量学发展的新领域，知识图谱（亦称科学知识图谱）将传统的文献计量方法与现状的文本挖掘和复杂网络、数学、统计学、计算机科学方法以及可视化技术等有机地结合在一起，能够从各个角度直观而全面地反映出一个学科的结构和研究热点、重点，因此越来越受到各个领域研究者的关注（任红娟、张志强，2009；陈悦等，2008）。

知识图谱（Mapping Knowledge Domains）是显示知识发展进程与结构关系的一系列图形，用可视化技术描述知识资源及其载体，挖掘、分析、构建、绘制和显示知识及它们之间的相互关系，它把复杂的知识领域通过数据挖掘、信息处理、知识计量和图形绘制显示处理，揭示了知识领域的动态发展规律，为科学研究提供切实的、有价值的参考（秦长江、侯汉清，2009）。本书采用美国德雷赛尔大学陈超美教授研发的 CiteSpace 软件，对符合条件文献的关键词进行分析，构建出"旅游体验""遗产旅游""大数据"的知识结构，挖掘研究热点、揭示相关领域研究发展趋势。软件最终以节点网络图的方式展示文献统计结果。网络中每个圆点代表一个节点，圆点的大小表示节点出现的频次，频次越高，圆点越大；圆点之间的连线表示相连的节点共同出现过，线条粗细与其联系密切度成正比。构成节点的圆环代表频次，圆环大小与频次成正比，圆环越大代表该关键词出现频次较多；圆环的颜色及厚度代表其研究年代及被利用程度。红色部分被称为"突现点"，表示该研究出现的新兴领域（Chen，2006）。

如表 2-5 所示，本书以 Web of Science 数据库收录文献为国外研究数据来源，以中国知网（CNKI）数据库中收录的 CSSCI 文献为国内研究数据来源。检索策略分为检索主题、检索范围、发表时间三部分，继而对所选文献进行预处理，剔除无用或相关度不高的文献，将最终结果作为研究对象。

表 2-5　相关专题国内外研究概况

研究领域	旅游体验		遗产旅游		大数据	
	国内	国外	国内	国外	国内	国外
检索主题	"旅游体验" "游客体验"	"tourism experience" "tourist experience"	"遗产旅游"	"heritage tourism"	"大数据"	"big data"
检索范围	关键词 主题	title abstract keywords	关键词 主题	title abstract keywords	关键词 主题	title abstract keywords

研究领域	旅游体验		遗产旅游		大数据	
	国内	国外	国内	国外	国内	国外
发表时间 （实际时间）	时间不限 （1998~ 2023年）	时间不限 （2007~ 2023年）	时间不限 （1999~ 2023年）	时间不限 （2007~ 2023年）	时间不限 （2012~ 2023年）	时间不限 （2012~ 2023年）
文献数量 （篇）	1382	154	908	908	1320	154

注：由于 Web of Science 数据库的原因，所有国外文献发表时间起点均为 2007 年。

一、旅游体验

（一）国内研究历程

自 1990 年我国引入全球持续发展大会旅游组行动策划委员会专家提出的《旅游持续发展行动战略》开始，国内学者开始关注旅游体验研究（见图 2-5）。《旅游持续发展行动战略》提出持续发展旅游的目标之一是"为游客提供高质量的旅游感受"（戴凡，1994），旅游体验作为旅游业管理和旅游研究的基本概念被确立下来。系统的旅游体验研究开始于谢彦君教授。在他的论著《旅游体验研究——一种现象学的视角》中，首次确立了旅游体验的范畴、形成机制、存在意义，尤其提出了旅游体验过程是一个主客互动过程，指出旅游体验质量是旅游从业者从事旅游及其相关活动的生命线，旅游体验质量的衡量是旅游理论界亟待解决的问题（谢彦君，2005）。自此，旅游体验研究在中国拉开序幕。图 2-6 为 1998~2023 年我国研究者旅游体验研究成果的知识图谱。

由图 2-5、图 2-6 可知，"旅游体验"研究在我国经历了三个阶段：

第一阶段：1998~2003 年，认识并接受概念阶段。这一时期，学者将研究重点集中在认识并接受"旅游体验"概念上，认为旅游体验是旅游业的产物或价值之一，是游客消费旅游产品、旅游服务的感受，为了更好地推动当地旅

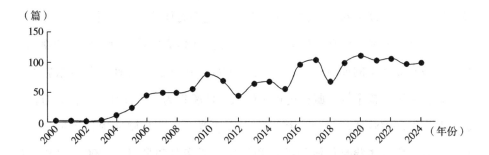

图 2-5 2000~2024 年国内关于旅游体验发文数量走势

资料来源：中国知网（CNKI）。

图 2-6 1998~2023 年中国研究者旅游体验研究成果的知识图谱

游业发展，应该关注旅游体验。黄郁成（1998）在探讨旅游产品质量标准时，提到游客旅游体验的满足感是衡量旅游产品质量的唯一标准，是游客接受旅游服务的过程产物，受有形产品和无形产品双重影响。谭丽燕和陈建新（1998）认为"形成品味参与的旅游体验"是促进南宁旅游业快速发展有效途径，把旅游体验作为旅游产品之一，与传统观光游览产品不同的是，它具有很强的参与性，可以帮助游客领略壮族的民俗风情。叶林（1999）在分析观光农业时提出，农业旅游活动给游客提供的是在自然和谐的生态环境中观赏农园风情、参与农事活动、体会农业文化的旅游体验，把旅游体验作为一种参与活动，一种感受原真性的参与活动，反对在现代庄园兴建偏离农业主题的别墅和娱乐场所，打破农业文化的原真性。沈向友（1999）在甄别旅行社服务质量影响因素时，将游客在整个旅游服务过程中的旅游体验作为评价标准之一，旅游体验是游客在参加旅游活动过程中获得的心理感受，主要反映在娱乐和增长见识上，强调了旅游体验是旅游的结果和效果。谢彦君和吴凯（2000）将旅游体验视为一个过程，旅游体验质量的好坏受旅游前旅游期望和旅游后旅游感受共同作用，初步构建了旅游体验测度的理论模型。于岚（2000）根据国外学者的研究，将旅游体验归为感受真实性的过程，只有保证了景区的真实性，才能提高游客的旅游满意度。邹统钎和吴丽云（2003）总结了国外学者的研究成果，论述了旅游体验的本质，并在体验经济理论的基础上发展了旅游体验类型，提出旅游体验塑造的原则。这是我国学者首次进行系统的旅游体验理论研究，较为深刻地对旅游体验进行剖析。

这一阶段处于国内旅游体验研究初期阶段，CSSCI 上发表的文献不足 50 篇，与之共现的关键词共 138 个，主要集中在"旅游产品""旅游服务""旅游营销""旅游形象定位""旅游开发管理""旅游研究""文化内涵"等学术词汇上。这说明在这一个时期，"旅游体验"仅作为概念被大家接受，是旅游系统的一部分，学者将其作为一种现象附着在旅游研究核心内容上，并没有形成学术体系和理论框架，也鲜有人对其进行深入的实证分析。随着旅游活动的日益成熟、体验经济的到来、学者的有意关注，旅游体验研究逐渐走向丰富。

第二阶段：2004~2009 年，迅速成长期。这一阶段有关旅游体验的研究呈现系统性、跨学科性的特征。派恩的"体验经济"理念在影响西方世界乃至全球经济的过程中，对我国旅游业发展及旅游研究的冲击同样巨大。"旅游体验"一词与"体验经济"相结合，不再依附于旅游产品、旅游价值而存在，而独立成为学者的研究对象和从业者的追逐目标。

黄鹏（2004）明确提出，旅游本身就是一种天然的体验活动，旅游体验是游客的根本追求，因此，旅游体验必然包括情感体验，并且这种情感体验个体性鲜明，是个人达到情绪、体力、智力甚至精神的某一特定水平时的心理感受。符全胜（2004）分析了旅游体验的特征，认为旅游体验兼具可控性和不可控性，游客体验的可控性表现在通过解说、教育、改善等方式提高满意度，而不可控性表现在体验受到游客情绪、偏好，及经历的影响。因此，通过分析游客满意程度，可以查找出改善旅游体验的影响因素，从而提高保护地服务质量。龙江智（2005）将旅游体验定位为旅游的本质，这种本质是具有一定场景性（旅游场）和暂时性的心理行为。白凯等（2006）以北京入境游客为研究对象，指出旅游体验对旅游目的地具有积极和消极两个方面的影响，游客体验质量评价意义重大。而旅游体验受到旅游目的地服务项目、旅游目的地整体形象两方面的作用而产生差异性。苗学玲和保继刚（2007）利用扎根理论，以旅游虚拟社区会员访谈记录、交流帖和游记等数据，分析了自助游客的旅游体验。指出互联网背景下"结伴同行"的旅游体验良好，游客满意度较高。周亚庆等（2007）提出真实性是旅游体验的中心问题，满足游客体验的真实性需求，对旅游资源开发具有重要意义。贾英和孙根年（2008）将旅游体验定义为旅游者从离家到结束旅游活动返家整个过程中的体验综合，分析了旅游体验中的"高峰体验"和"辅助体验"（旅游体验"双因素"理论）并以此为基础提出旅游体验管理策略。廖仁静等（2009）对文化旅游目的地游客进行感知评价，指出真实性体验是影响游客感知的重要因素，对旅游地保护及再造、旅游资源价值发挥具有借鉴意义。

　　该阶段相关研究数量以年均50%的增长速度激增，共有文献462篇；研究领域进一步扩展，共出现1222个共现关键词。这些共现关键词涵盖了旅游资源开发、旅游业管理、旅游心理、旅游体验测度，并出现了一系列研究区和研究方法的名词。由此可以看出，旅游体验已逐渐确立了其在旅游研究中的基础和核心地位。国内学者从旅游体验的概念界定、特征构建、本质挖掘，到特定旅游产品类型、具体旅游目的地、特定游客群体旅游体验的测度都进行了深入而扎实的研究。

但是，在这一阶段，对于旅游体验研究的方法还仅停留在早期构建影响因素体系，通过简单数学统计的方法来测定旅游体验，从研究者角度客观看待该问题，对旅游体验作为主观感受的理解把握不到位。此外，学者多数针对旅游体验的内涵剖析和问题甄别，没有从具体解决手段上展开研究，对改善旅游体验缺少理论指导意义。

第三阶段：2010 年至今，理论体系完善及渗透期。这一阶段的研究进一步确立了旅游体验在旅游学基础理论研究中的主体体位，体现出旅游学的跨学科地位。它从旅游中的一个现象（第一阶段）、一个过程（第二阶段）发展为一个能够包容地理学、文化学、经济学、心理学、环境科学、人类学、信息科学等在内的重要学术平台，并且能够将更多现实问题融入其中进行解决。

张斌和张澍军（2010）、陈兴（2010）、郑鹏等（2010）、王秀红等（2010）、龙江智和卢昌崇（2010）延续前一阶段旅游体验基础研究，从现象学、人类学、心理学等角度，更深层次解读旅游体验的本质、形成机制、内部构成，进一步完善了旅游体验的理论体系。刘建峰等（2014）、安贺新（2011）、王红宝和谷立霞（2010）、张朝枝等（2010）以旅游体验为理论基础和研究前提，分别对旅游规划、旅游品牌设计、旅游商品开发以及旅游产业价值链进行研究，强调原真性是旅游体验的核心，只有满足游客对原真性的追求，才能提高旅游体验的质量。此外，旅游体验全面渗透到其他领域中，作为相关研究结果的影响因素。邹勇文和田逢军（2017）利用游客体验确定南昌市旅游空间意向，为互联网时代城市旅游空间发展提供理论指导。张凌云（2012）把旅游体验作为发展智慧旅游的目标和驱动力，认为基于旅游体验的智慧旅游是对互联网经济和智能化公共服务的有力推动。祝亚（2010）认为游客体验质量会影响游客的旅游意愿，在供求关系作用下，必然会对旅游价格产生影响，因此，通过实施合理的旅游价格策略，可以满足游客需要，实现旅游景区的经济效益。

这一阶段的最大特点是旅游体验与互联网、信息化、数字化相结合的研究范式。摆脱问卷调查的弊端、利用互联网获取旅游体验数据，真正贴近游客内心感受，挖掘旅游体验的真实情况。这一研究范式是对旅游体验传统概念的继承和发扬，它尊重旅游体验个人化、暂时性的特征，但又规避了传统研究方法样本量小、反应不及时、过于美化游客感受等缺陷（徐虹、李秋云，2017；李永乐等，2021；田小静、黄浩，2023；袁超等，2020）。在为旅游体验研究提供数据的同时，互联网、信息化为旅游体验管理也做出了极大贡献。郝志刚（2016）指出，移动大数据可以清晰记录旅游体验的详细数据，为解决游客拥挤、设定游览线路及市场营销提供参考依据。张红梅等（2016）认为以互联网技术为基础的智慧旅游，是以满足游客旅游体验需求为中心，将旅游过程中产生的各种资源流转为数据流，并进行管理和实现的过程和体系，是旅游管理的新型工具。

该阶段共有论文 1260 篇，共出现 1109 个共现关键词。与前一阶段相比，可以发现，研究逐渐由"百花齐放"走向集中，说明这一阶段有关理论已经成熟，形成了自己的研究范式和研究领域。

如何衡量旅游体验即旅游满意度及其影响因素的研究也是未来需要继续坚持的研究方向。原真性作为旅游体验的源泉和动力，尤其是文化遗产的原真性是研究的又一重点。而与互联网、信息化相结合的研究范式将继续得到贯彻。

（二）国外研究历程

相比国内研究的历程，国际学者对旅游体验研究开始得更早、研究得更系统。国外被公认的最早的旅游体验研究里程碑是 Daniel J. Boorstin（1961）撰写的《图像：美国假事件指南》。他认为一直以来体验旅游真实感受的时代已经过去，游客更希望体验与日常不同的、满足他们设想的"奇观"（Spectacles）和"假象"（Pseudo-Events）。比起感受异域文化的原真性，游客更喜欢获得狭隘的个人期望。Boorstin 的观点强调了旅游体验的个性化和暂时性，将旅游体验从人们日常生活中分离出来，由此，旅游体验具有了"舞台性"

（Stage）特征。从此他为旅游体验在理论研究上谋得一席之地，也为旅游业经营管理提供了理论指导。

但是 Boorstin 在"原真性"问题上引发了后来学者的争论，研究者普遍反对他的"假象"理论。Dean MacCannell 接受 Boorstin 关于旅游体验有别于日常生活的观点，但是驳斥了他的旅游体验"假象"说观点。MacCannell（1976）认为，正是因为人们生活在各种假象、分裂当中，他们才不断追求着"原真性"（Authenticity），而且这种追求过程像朝圣一般坚定。旅游者在旅游过程中，不仅仅是满足于那些肤浅的游览观赏，他们寻求的是"原真性"。旅游目的地只需要设置各种旅游设施，只要能够让游客感受到社区真实情况，就可以满足游客需要，也就是"舞台真实性"（Staged Authenticity）。MacCannell 虽然批驳了 Boorstin 的观点，但是也响应了对方的观点：旅游体验可以通过管理达到最佳水平，而这种管理需要经营者及时准确地把握游客需求。

Erik Cohen 将社会学研究方法——现象学调查方法引入旅游体验的研究，将研究重点从 Boorstin、MacCannell 等的概念界定、本质剖析转移到旅游流的构造上。Cohen 用了 20 年时间分析了游客体验的"原真性"。他认为游客对自身本源文化的疏离程度决定了他对原真性的偏爱程度（Cohen，1979）；"原真性"的表现程度受解说系统的设计实施者和接受者双重影响（Cohen，1985）；游客不仅受旅游目的地原真性吸引，还会受人造景观吸引。

早期的旅游体验研究学者明确指出旅游体验是弥补人们日常枯燥、乏味、世俗生活的一种方式，这种补偿方式通过将自己暂时暴露在惊险的、异地的、古老的以及惊奇的环境下得以实现。旅游经营者的经营业务就是以旅游资源为基础，生产、打包、销售这种体验。

进入 21 世纪以来，旅游体验研究范围进一步扩展，从概念、体系等理论研究进入到不同旅游产品体验中，并进行了深入研究。图 2-7 为 2007 年至今国外学者对旅游体验的研究知识图谱，可以看出国外学者对旅游体验研究的推进过程分为三个阶段。

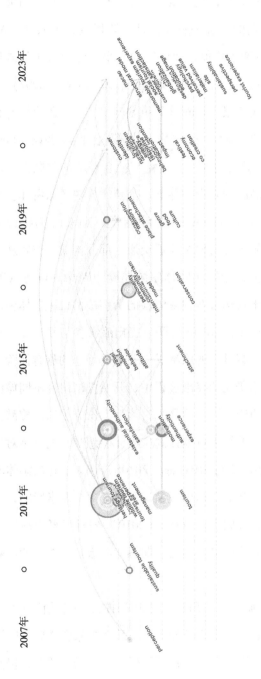

图 2-7 2007 年至今国外学者对旅游体验研究的知识图谱

第一阶段：2007~2010年，缓慢增长阶段。该阶段以理论研究为重点，深入探讨旅游体验在新时期的特征——整体性、阶段性、关联性。Andersson 等（2007）认为旅游体验创造了价值，而价值的大小不但取决于旅游目的地体验过程，更取决于游客在这一过程中的心理状态。SayiLi 等（2007）从旅游体验的视角，分析土耳其坎高鱼泉（Kangal Fish Spring）作为医疗旅游目的地的特征及游客特征，并以此为旅游目的发展提供意见与建议。Smith 和 Xiao（2008）认为美食旅游体验的内涵源于美食与社会经济的关联性，以及在此基础上形成有关当地美食品牌的知识、鉴赏、消费，反映了旅游体验的整体性和关联性。Neal 和 Gursoy（2008）指出旅游体验是一种多方面综合的体验，呈现阶段性，由出行前、旅游目的地及往返交通三部分构成。游客从任何一个阶段或提供商处得到的服务都会影响整体旅游体验。Pettersson 等（2009）研究发现照片和游记更有助于表达游客旅游体验的情感极性，积极体验对于游客满意度更为重要。Jong-Hyeong（2010a）明确提出旅游参与性是提升旅游体验的最核心因素，可以唤醒游客过去的旅游感受并形成难忘的旅游体验。

这一阶段在实现理论研究的突破过程中，开始尝试研究不同旅游产品游客体验的差异性。Park（2010）以韩国昌德宫为例，研究了遗产旅游体验形成机制，指出个性化讲解和传说故事可以提高旅游体验感受，尤其是对民族情怀和国家团结有重要促进作用。Jong-Hyeong（2010b）认为文化旅游体验受到享乐主义、茶点、地方文化、意义、知识、参与和新奇7个要素影响，其中，参与是强化旅游体验评估的有效因素。Curtin（2010）分析了野生动物旅游体验的影响因素，认为旅游体验是由出游前的预期感知与旅行完成后的收获共同作用而成的。

该阶段是对20世纪旅游体验研究的总结和提升，但是仍有不足：一是忽略了旅游体验的核心问题——原真性的研究，只考虑旅游体验主体游客的客观感受，对旅游体验根本来源未有涉及；二是研究方法拘于传统，仍然使用抽样为主的研究方法，相对日益庞大且复杂的旅游市场规模来说，其研究结论代表性略显不足；三是研究数据的客观性有待商榷，研究成果基于研究者设定的问卷及访谈提纲，不能完全反映游客个体情况。

第二阶段：2011~2014年，波动增长阶段。在第一阶段研究基础上，学者开始审视研究不足，重新将重点转移至旅游体验的本质问题及形成机制上，着重研究不同旅游产品的原真性体现和旅游体验形成机制。Lew（2011）认为能够给游客创造"最佳"旅游体验的旅游地应该是以原真性为基础的，而这种原真性体验要能给游客带来身体挑战和感官刺激。Ye和Tussyadiah（2011）认为旅游体验是能够激发游客想象力和自身身体潜力的过程，这就需要游客对原真性进行深入挖掘，形成不同的旅游意向。Biran等（2011）的研究表明寻求旅游情感体验是促使游客进行遗产旅游的动机和兴趣，解说系统是获得旅游体验的重要途径。Roura（2012）通过分析南极游客旅游博客，得出南极游客旅游行为特征。Nimrod和Rotem（2012）将老年旅游体验的创新分为外部创新和内部创新，内部创新对旅游体验的作用显著于外部创新。

这一阶段研究主题较为集中，主要探讨了旅游体验的核心和基础，强调了旅游体验的参与性、原真性诉求，并且根据旅游者行为过程对旅游体验进行分解。在研究方法上，对上一阶段有了一定突破，尝试使用网络游记作为分析旅游体验的数据来源，一定程度上克服了样本覆盖有限和数据客观性不足的缺陷。

第三阶段：2015年至今，快速增长阶段。第三阶段较前两个阶段涉及相关领域和主题有了很大拓展，研究重点转向了多个方向，包括旅游体验后的影响、文化旅游体验等。

旅游体验后的影响表现在宏观和微观两个层面。宏观上，旅游体验有助于旅游目的地形象构建、可持续发展、文化传承以及市场忠诚度巩固。Matos等（2015）将旅游体验分为五个阶段，游客根据自己旅游体验进行旅游决策，因此旅游体验是旅游目的地形象的构成要素。Wacław等（2015）审视了旅游体验对旅游目的地可持续发展的影响，指出主题村落旅游体验创新能够有效促进旅游可持续发展。Kim 和 Jamal（2015）认为旅游体验的教育功能有助于当地农业生产方式和文化传统的传承。Cardinale 等（2016）测算了旅游体验与忠诚度的关系，认为积极的旅游体验可以使旅游市场形成情感依赖及持续忠诚。微观上，旅游体验可以使游客个人获得教育、获取认同感等。Nugraha 等（2021）认为游客在乡村旅游体验中获得了文化传统和农业知识教育，有助于提高乡村旅游满意度。Zhou 等（2023）指出游客在进行文化遗产旅游中获得的体验有效地推动了文化遗产的复兴质量。Teng 等（2022）指出红酒文化旅游体验使游客获得地区认同感。

文化旅游体验体现在对饮食旅游（Food Tourism）、社会旅游（Social Tourism）、遗址旅游（Site Tourism）的关注。Florese 等（2015）总结了巴西圣卡塔琳娜州饮食遗产特征及其作为旅游体验的潜质，认为节庆旅游活动是实现饮食遗产活化的有效途径。Suntikul 和 Jachna（2015）利用派恩体验经济模型，对澳门历史城区（世界文化遗产）体验进行分类，指出单个景点旅游体验与整体目的地旅游体验的相关关系。Hogg 等（2014）讨论了博物馆网站作为解说系统之一，其准确性和表现形式对于提升旅游吸引力、提供有效旅游体验具有重要意义。

这一阶段研究主题分散，表现为共现关键词数量增加，从理论到实证全方位对旅游体验进行深入研究，重点在旅游体验影响和文化旅游体验方面。研究观念发生变化，研究数据类型从过去随机抽样转变为利用包括博客、网络平台、电信等社交媒体数据，研究对象从整体旅游体验转变为按不同旅游阶段、不同旅游目的地组成部分的细分旅游体验。除此以外，对中国的研究成为国际旅游体验的新趋势，中国游客体验成为新的研究热点。

二、文化遗产旅游

（一）文化遗产保护

文化遗产是维系一个地区、一个民族凝聚力的精神纽带，体现着民族的文化色彩、审美情趣和价值观，包含着民族的思想和情感。因此，文化遗产保护成为衡量一个国家或政府文明与进步程度。自 1999 年以来，国内学者围绕着文化遗产保护进行了全面而深刻的研究。

1999 年，庄孔韶从人类学、民族学角度，总结了长江三峡民族民俗文物类型，提出了"DNA—历史—考古—人类学"古今关联与多学科知识整合的文化遗产保护方法，开启了我国文化遗产保护系统研究的序幕。图 2-8 为 1998~2024 年国内 CSSCI 期刊发文数量走势。

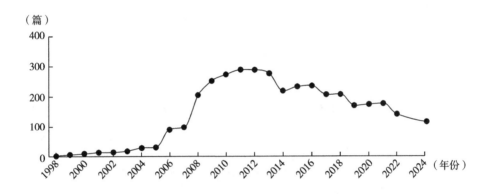

图 2-8　1998~2024 年国内关于文化遗产保护发文数量走势

资料来源：中国知网（CNKI）。

2006 年 6 月 10 日是我国第一个"文化遗产日"，在国家意志的推动下，文化遗产保护被广泛关注。在过去的 10 年当中，文化遗产保护相关文献发文量以年均 24.21% 的速度快速增长，其中 2006 年、2008 年增长速度较快，分别为 204.35%、130.56%。2009~2016 年发文数量均超过 200 篇，占总发文量的 81.06%，表明在我国文化遗产保护理念影响扩大，发展迅速。

在被研究的 2000 余篇文章中，与"文化遗产保护"共现的关键词共有 5028 个。其中出现超过 20 次的高频关键词有 24 个，这些是近些年来我国文化遗产保护研究的热点，如非物质文化遗产、保护、文化遗产、物质文化遗产、非物质文化遗产保护、文化遗产保护、传承、遗产保护、民族传统体育等；出现频次少于 3 次的有 4710 个，大量低频词出现说明我国文化遗产保护涉及领域广、存在问题多。

通过对共现关键词合并归类（见图 2-9），现有研究成果可分为文化遗产保护对象、文化遗产保护原则、文化遗产保护方式、文化遗产保护技术以及文化遗产保护影响。

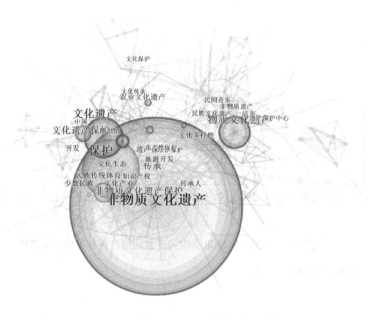

图 2-9　1998～2024 年国内关于文化遗产保护知识图谱

1. 文化遗产保护对象

根据关键词共现情况可知，文化遗产保护对象可归纳为物质文化遗产、非物质文化遗产、农业文化遗产、少数民族文化遗产、工业文化遗产、文化生态、民间音乐、文化景观、历史文化遗产等。其中，涉及非物质文化遗产的关键词最多，共有 55 个，还有如"无形文化遗产""非遗""非物质的文化遗产"等表述类似的关键词；此外，还有包含以各种非物质形态表现或存在于各地区、各民族的传统文化现象，说明非物质文化遗产及其保护在我国备受关注。与之相反，对物质文化遗产保护的研究相对被忽视，学者鲜有对物质文化遗产保护进行专门研究，多是与非物质文化遗产相结合研究某地文化遗产保护情况。其中又以"世界文化遗产"为研究重点，说明目前国内文化遗产保护的"世界遗产"导向性很强，并存在一定的功利性。以具体文化遗产地为对象的物质文化遗产保护研究也占到一定比例，说明学者在研究过程中更注重相关研究的实践指导作用。

2. 文化遗产保护原则

文化遗产亟待保护的观念已被广泛接受，如何进行保护是学者存有争论的问题。目前我国学者普遍遵循以下三种保护原则：

一是主动利用的积极保护原则，共现关键词中出现了"传承""利用""开发""参与式保护""传播""创新保护"等，反映了文化遗产的资源属性，只有积极主动地利用文化遗产，才能使文化遗产得到有效保护，实现文化遗产可持续发展。

二是被动抢救的消极保护原则，共现关键词中出现"保护性破坏""保护性抢救""保护与再生""保护与重构"等，此类学者强调了文化遗产的不可再生性，认为只要保证文化遗产不受外界影响，便可得到有效保护。

三是突出和谐的整体性保护原则，我国文化遗产体现了古代朴素的、"天人合一"的世界观，因此要求文化遗产保护不能割裂文化遗产与周围环境的关系。"共生关系""协同发展""协同保护""和谐共生""区域整体保护"等关键词共现说明了这一保护原则。文化遗产与周围环境的关系主要表现在物质文化遗产与非物质文化遗产、文化遗产与自然环境、文化遗产与社区居民、保护与地区经济发展等方面。

3. 文化遗产保护方式

与文化保护方式相关的关键词有"法律保护""静态保护""分类保护""就地保护""易地保护""保护性旅游开发""活化保护""解说系统""阐释

与展示"等。通过对文化遗产保护方式的汇总，可以发现当前比较推崇"主动利用的积极保护原则"，希望通过积极利用文化遗产资源，使其能够保持长久生命力，最终得以保护。构建文化遗产保护法律体系是文化遗产保护工作的基础和前提，需要在文化遗产保护方面做到有法可依、有法必依、执法必严、违法必究，如此方能杜绝文化遗产的破坏行为。从保护方式实施的历程上来看，2010 年之前强调的是对文化遗产个体的被动抢救式保护，如"静态保护""就地保护""易地保护"等关键词出现频次较高；2010 年之后提倡对文化遗产主动利用式保护，如"活化保护""解说系统""阐释与展示""旅游资源开发""旅游利用"等关键词出现频次增加。

4. 文化遗产保护技术

与文化遗产保护技术相关的共现关键词有"本体保护""非遗生态保护区""标准化""原生态""地理信息系统""动态管理""数字化""环境容量""开放式博物馆""全息技术""信息技术""虚拟现实"等。按照保护技术所针对的范围分为"历史文化保护区""民族传统文化保护区""非遗生态保护区"等区域性保护技术和"本体保护"的单体保护技术；按照保护技术显著性分为"原生态""原形保存"等技术辅助性保护和"数字化""信息化""虚拟现实""全息技术"等技术主导性保护；按照保护技术与保护行为的关系分为"标准化""标准规范""保护标准"等的引导性保护技术和"环境容量""动态管理"等实时性保护技术。

5. 文化遗产保护主体

与文化遗产保护主体相关的关键词有以不同国家名称为代表的国家主体，以"政府行为/政府责任"等反映的地方政府主体，以"地方社区/基层社区/当地社区/社区主导"等的社区主体，以"科研基地/科研机构"等的非政府组织主体，以"传承人/科研技术人员/社区居民/继承人"等的个人主体，以及综合以上相关者在内的多元主体。在文化遗产保护过程中，不同主体所肩负的责任差异巨大。国家主体以制定国家方针政策和相关法律制度、加强国际合作、保护具有国家及世界意义的文化遗产等为主要工作，并监督地方文化遗产保护行为；地方政府制定地方性法规章程、编制文化遗产总体规划、保护具有地区意义的文化遗产为主要工作；非政府组织主体从技术层面给以支持，通过长期科学研究、行业管理经验制定规范、标准等引导文化遗产保护，研发防护技术、修复技术、检测技术等进行抢救式保护；个人在文化遗产保护的主体地位表现在严格遵守国家法律法规、配合地方政府文化遗产保护规章制度、规划的执行、文化遗产传承的具体实施者，以及从细节做起、不做有损文化遗产的行为。

6. 文化遗产保护影响

与之相关的关键词有"城镇化""地方认同""城市文化软实力""传统回归""过度商业化""核心价值观""经济价值""精神血脉""旅游价值""艺术传承""生态文化"。可以看出，文化遗产保护对一国或地区的影响表现为社会影响、文化影响、生态影响、经济影响四个方面。社会影响表现在通过进行文化遗产保护，可以提高国民素质、增强地方认同、促进文化自信，培育社会主义核心价值观，引导国民积极向上发展。文化影响表现在文化遗产保护过程中对物质与非物质遗产的记录、修复、活化，实现了文化传承、艺术传承，保护了文化遗产地的文化多元性。生态影响是指文化遗产保护不仅是对遗产个体的保护，而且是对遗产所依附的环境保护，它包括自然生态环境和文化生态环境；通过文化遗产保护，可以有效地保护人地系统内外各要素及其相互作用，实现生态平衡。经济影响是指文化遗产保护为当地经济发展带来的影响，表现在为了实现区域整体保护带来的城镇化/新农村建设、招徕游客参观带来的经济收益，以及非物质文化遗产舞台展示造成的过度商业化。共现关键词反映了文化遗产保护兼具积极影响和消极影响，只有科学合理地进行管理，才能实现其价值最优化体现。

综合对 CSSCI 文献数据库中文化遗产保护的文献计量研究结果可知，我国学者对文化遗产保护的研究涉及面广、研究层次深、研究框架完善，对我国文化遗产保护具有极强的理论意义和实践意义。在已有的共现关键词中，"开发"出现114次，"旅游"出现70次，以及包括各种展示、解说等具有旅游学性质的名词出现，说明以遗产旅游为代表的旅游开发是满足文化遗产保护需要的最佳途径，可以积极有效地利用遗产资源，提高遗产知名度，引导国民素质提高，并实现其经济价值，是使文化遗产重获生机并发扬光大的最直接方式。在此期间还出现了"游客感知和态度""感受体验""体验旅游""体验需求"等反映旅游者对文化遗产旅游感知的关键词，说明游客体验对文化遗产保护也有一定影响。

但是，现有研究仍存有不足，主要表现在研究方法方面。统计结果显示，学者在进行文化遗产保护研究时，多使用条件价值评估法（CVM）、SWOT分析法、古今关联法、场域视域法等。这些方法均属于定性研究方法，不能客观准确地描述对文化遗产保护的相关问题，需要定量方法的介入。因此，对文化遗产保护相关的数据收集、整理、分析尤为重要，空间信息技术、空间分析方法应用可以弥补现有研究不足。而以大数据为代表的信息化能够满足文化遗产各种非结构化或半结构化数据的海量存储要求，实现不同地区、不同类型、不同格式数据间的关联和信息共享，提高文化遗产监督管理能力。

因此，以遗产旅游为代表的旅游开发和旅游体验管理、以大数据为代表的信息化将是未来研究热点。

（二）遗产旅游

国内外关于遗产旅游研究知识图谱展现了近些年遗产旅游研究热点，遗产旅游（Heritage Tourism）、旅游（Tourism）、文化遗产（Cultural Tourism）、原真性（Authenticity）、游客体验（Tourist experience）、文化遗产（Cultural heritage）、旅游开发（Tourism development）、社区参与（Community Engagement）、中国（China）等是国内外学者普遍关注的热点问题。通过归类合并，关键词大致分为研究对象、研究区域、研究主题三大类（见图2-11、图2-12）。

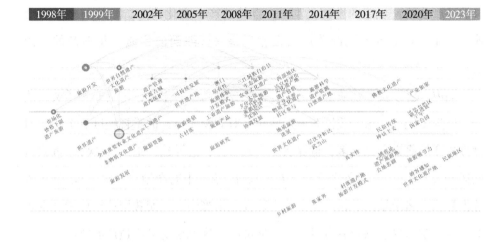

图 2-10　1998～2023 年国内关于遗产旅游的知识图谱

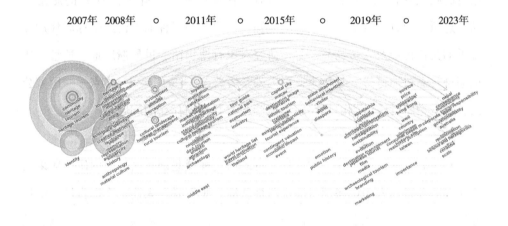

图 2-11　2007～2023 年国外关于遗产旅游的知识图谱

1. 研究对象

根据关键词的相关程度，可以将研究对象即遗产类型归纳为文化遗产、自然遗产、世界遗产、世界遗产地、世界文化遗产、世界自然遗产、非物质文化遗产、物质文化遗产、工业遗产、农业文化遗产、传统村落、文化景观、国家公园、遗址。其中，国内学者关注的遗产类型基本覆盖了《保护世界文化和自然遗产公约》规定的全部类型——自然遗产、文化遗产、自然与文化复合遗产，而国外学者关注的遗产类型相对狭义，即面向物质文化遗产的旅游活动。

国内学者涉及非物质遗产的关键词频数最高（99 次），包括非物质文化遗产、民俗传统等，这与我国政府近些年来对非物质遗产的重视程度有关。针对世界遗产的研究也比较多，世界遗产（18 次）、世界遗产地（13 次）、世界自然遗产（5 次）、世界文化遗产（4 次）、世界文化遗产地（2 次），以及各入选世界遗产名录景区名称广泛出现在研究成果当中，说明我国遗产旅游开发相对狭隘，学术界、从业者世界遗产指向鲜明，这也说明世界遗产的旅游发展中存在的问题更鲜明、更集中，研究成果更有普遍指导意义。国外学者关注遗产旅游的频次最高（144 次），指向所有前往遗产地（文化遗产地）的旅游活动，这源于西方社会对遗产概念的认知——遗产是某种前人留给子孙后代加以传承的文化传统及人造物品。具体研究对象有博物馆、世界遗产地、遗址、历史遗迹、乡村遗迹等。近年来，国内外学者普遍关注了同一个焦点——国家公园，试图用跨行政区划的思路解决遗产旅游开发中存在的问题。

2. 研究区域

对于研究区域的选择，国内外学者的研究视域差别较大。国内研究成果与之相关的关键词有中国澳门、库木塔格沙漠、张家界、大连、平遥古城、哈尼梯田、地质公园、东北地区、武当山、西部地区、三江侗族自治县、风景名胜区、沈阳、中国为研究区域，可以看出，国内学者多选择小尺度研究范围，以遗产景区为主，其次是以遗产所在城市为研究范围。国外研究区域关键词有爱尔兰、澳大利亚、波黑、冲绳、韩国、加拿大、加纳、科尔多瓦（西班牙南部城市）、南斯拉夫、尼泊尔、日本、苏格兰、中国香港、亚洲、中东、中国等。与中国学者相比，国外学者研究范围尺度较大，通常以国家为单位进行研究。值得关注的是，"中国"在国内研究的频次排名第 21，在国外研究频次排名第 9，说明中国遗产旅游研究地位比较突出，在国内外研究中备受关注，是全球研究的焦点。

3. 研究主题

表2-6统计了研究期内国内外学者与研究主题相关的关键词，这些关键词可以归纳为四种类型：价值属性、产业经济、主客体及其关系、保护与管理。价值属性是指研究者对遗产的价值定位，揭示遗产保护与开发的目的和意义；产业经济是考察遗产旅游的经济属性，从经济学角度分析遗产保护与开发存在的问题；主客体及其关系是指遗产旅游开展影响到的利益相关者，遗产的价值来源于主体（游客）和客体（社区居民）之间的关系；保护与管理是指为体现遗产价值、满足游客、实现经济效益而开展的各种活动。从研究重心上看，国内学者主要关注遗产的价值属性研究和产业经济地位研究，说明遗产的多元价值得到广泛认可，遗产旅游的产业已经达到较大规模。但是，对于旅游本质的研究国内学者关注较少，这成为现有研究的重大缺陷。旅游，包括遗产旅游，是一种跨时空的消费活动，只有当游客付出时间和金钱前往旅游目的地进行旅游体验，才能实现遗产的价值属性，才能带动当地社会经济发展。社区是遗产旅游的实际承担者和输出者，为保护遗产、承接游客提供了载体。两者在遗产旅游中的角色应该是十分重要的，但是在有关研究主题的关键词中，仅有13.16%是反映这一主题。同时，旅游业作为一个庞大的经济产业，能够持续发展下去，离不开每个旅游企业的有序经营和对旅游资源的有效保护，因此，会存在各种问题需要解决，可是学者依然关注较少，仅占21.05%。

表2-6　国内外学者与遗产旅游相关的关键词汇总

研究主题	国内（38个）	国际（66个）
价值属性	旅游资源、遗产资源、遗产旅游资源、文化遗产资源、原真性、真实性、旅游价值、遗产价值、旅游开发、开发、利用、空间分布、旅游吸引力（13个）	原真性、存在主义原真性、真实性、感知真实性、舞台真实性、认同、场所、旅游开发、记忆、目的地形象、影响、场所依赖、传统、感知价值、文化吸引力、新奇、美学（17个）
产业经济	旅游产品、产业集聚、动力机制、过度商业化、旅游经济、旅游开发模式、开发模式、开发策略、旅游业、市场化、外汇收入、价格下限（12个）	商品化、消费、营销、利益相关者、消费者、价格、经济发展、经济开发、品牌、产业（10个）

续表

研究主题	国内（38个）	国际（66个）
主客体及其关系	旅游体验、社区参与、当地社区、旅游动机、游客感知（5个）	体验、游客体验、满意度、游客满意、感知、动机、态度、忠诚度、意向、行为意图、行为、参与、情感、游客、旅游动机、旅游偏好、居民感知、当地社区、社区（19个）
保护与管理	遗产保护、可持续发展、适宜性评价、保护、遗产管理、博弈论、协调发展、政府规制（8个）	管理、模型、保护、绩效、可持续性、可持续发展、可持续旅游、解说、阐释、导游、合作、环境、质量、员工、创造性破坏、技术、市场细分、企业社会责任、治理、政策（20个）

注：关键词按出现频次高低罗列。

　　国外学者在关注遗产价值属性及其产业经济属性的前提下，在后两个主题上投入的精力更多，主客体及其关系占28.79%，保护与管理占29.41%。与国内研究相似的是，国外研究同样确认了遗产的价值属性。但是不同点在于，国内学者更多关注的是遗产的经济价值和旅游价值，希望通过旅游开发，将耗时耗力耗财的保护对象变为对社会经济发展有现实实用性的社会资源；国外学者主要关注遗产的历史文化价值和社会价值，试图通过保持遗产原真性、真实性，保留历史文化信息，增强区域认知形象，提高地区凝聚力，并在此基础上产生文化吸引力、满足旅游者旅游需求。

　　为了更好地实现遗产价值、发挥其产业地位，国外学者将注意力投放在游客、社区以及遗产保护与管理上。他们按照旅游行为过程机制展开研究，从而发现遗产游客旅游行为规律（见图2-12）；对于遗产旅游客体——社区，研究者也同样关注了社区居民对遗产旅游接受过程，"社区""当地社区""居民感知""参与"反映了这一热点。在保护与管理的主题研究中，国外游客涉及的关键词近20个，覆盖了遗产旅游经营管理的经营理念、管理方式、业务范畴以及企业社会责任等方面。由此也可以看出，国外学者在研究时更关注研究的实践意义，积极解决遗产旅游实际问题，将研究落到实处。

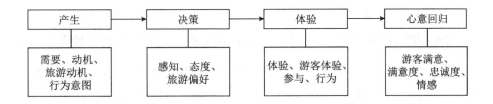

图 2-12　遗产旅游体验过程不同阶段关键词

三、大数据

随着物联网、云计算、移动互联网的迅猛发展，大数据（Big Data）吸引了越来越多的关注，正成为信息社会的重要财富，影响着人们的工作生活，甚至国家经济、社会发展。大数据具有数据量巨大、数据类型多样、流动速度快和价值密度低的特点，大数据技术为我们分析问题和解决问题提供了新的思路和方法，其研究渐渐成为国内外热点。虽然大数据技术尚未与遗产旅游及遗产旅游体验形成密切关系，学者也未对其进行深入研究，但对相关文献研究进展的梳理能够为遗产开发及遗产旅游提供理论指引和技术支持，指导大数据在相关领域的快速应用。

与前文旅游体验、遗产旅游不同的是，大数据技术在全球的盛行基本同步，导致有关大数据的国内外研究节奏相近，具有趋同性，研究重点包括基础研究、技术研究、应用及影响四个方面。

2008 年末，计算社区联盟（Computing Community Consortium）发表了《大数据计算：在商务、科学和社会领域创建革命性突破》白皮书，首次提出大数据（Big-Data）概念，并详尽阐述了大数据对社会治理的推动作用，指出：通过提供海量数据以及从中获得的新见解，大数据成功的改造了社会各行各业（Bryant et al.，2010）。在互联网信息技术行业广泛推动下，大数据也逐渐被学术界关注，尤其是 2012 年以来的研究成果增长迅速，成为研究热点。

（一）关键词分析

2012 年以来国内外学者在大数据领域研究中，除大数据频次最高外，频次较高的关键词依次是：国外为 Model、System、Information、Social Media、Network，国内为云计算、电子政务、互联网金融、数据挖掘、"互联网+"等。从节点的中心度来看，国外的研究核心内容为 Pattern、Network、Behavior、Dynamics、GI，国内为大数据、云计算、电子政务、学习分析、信息共享等。由此可以看出，在大数据研究中，对有关大数据的基础研究（Model、System、Information）、应用研究（Social Media、电子政务、互联网金融、Network、Behavior）、技术研究（云计算、Dynamics、学习分析）、影响研究（Privacy、Citizenship、信息共享）等热点研究较为突出。

（二）研究领域分析

国内外大数据相关论文研究领域的统计结果显示，当前大数据研究主要集中在计算机科学、信息科技、社会科学、通信工程、经济与管理科学、生物学、行政学等。不难看出，大数据不仅是一门科学门类，而且已经演变为一种科学思想和思维范式，为其他学科提供方法论支持，表现出显著的跨学科性和学科融合性。同时，也可以看出，国内外学者对大数据的应用能力有很大差异。国外学者涉及的领域比国内学者更广泛，表现在对物理学、心理学、环境科学以及医学方面的渗透，而国内学者主要将大数据应用于社会科学尤其是政府治理方面，鲜有对自然科学及心理学的关注。

（三）研究前沿分析

利用 CiteSpace 的 Burst Detection 功能，通过考察词频的时间分布，计算出突现率，从而确定大数据研究领域的前沿与趋势。2012 年作为大数据研究的起点开始，Big Data、Cloud Computing、Behavior、GI、Social Network、MapReduce、Education 等关键词被引用次数逐年升高，研究逐渐趋热，其中 Behavior、Cloud Computing 与大数据研究趋势相近，随时间推移受重视程度逐渐增加；MapReduce、GI 研究趋势上早于大数据研究，在大数据研究顶峰到来前先降低，在大数据研究跌入谷底前先反弹；Social Network、Education 的研究在 2015 年达到顶峰时随后下降，先于大数据研究热度降低，但无反弹迹象。由此可以看出，大数据与其他研究之间存在着相互依附关系：大数据基础理论研究为其他学科提供了方法论和研究素材，促进了相关学科的发展；同时，其他学科的研究又为大数据应用研究提供试验场，进一步完善大数据学科体系的完善。

蕴含丰富地理大数据的文化遗产及其旅游体验在学科领域及技术领域都将成为大数据新的试验场。大数据在行为分析、社会网络分析、服务等领域的研究成果可直接应用于地理大数据的相关分析，提炼出遗产旅游体验的特征和规律；而云计算、MapReduce 等技术对遗产全面记录、科学保护及有效开发提供了技术支持。

第三章　游前的游客信息
搜索行为分析

出行前游客体验的过程表现为对旅游目的地感知及相关准备工作的实施，包括游客对旅游目的地的各种设想和想象，具体表现为游客信息搜索行为特征。随着关注点逐渐清晰，旅游目的地的形象日益鲜明，而游客的个人需求也随之明朗，其旅游动机及偏好也将表达得比较清晰。互联网时代从根本上改变了传统的信息传播方式和消费者信息获取方式，使用搜索引擎成为获取旅游信息的重要行为模式（周晓丽、李振亭，2016），游客可以通过网络获取大量的旅游信息。通过搜索引擎，游客可以提前感知旅游目的地的基本情况，表达其旅游意愿。网络搜索关键词反映了游客的旅游需求及其旅游体验的基本要求。旅游目的地可以据此改进旅游目的地营销方式，发布更多游客感兴趣信息。

本章选择全球最大的中文搜索引擎——百度作为检索数据来源，利用百度指数数据共享平台，以"汉阳陵""茂陵""杜陵""昭陵""乾陵"作为关中汉唐帝陵的代表进行案例研究，研究时间范围为 2014 年 1 月至 2019 年 12 月，获取关中汉唐帝陵游客出行前信息搜索与决策行为特征。

百度指数以海量搜索数据为基础，对某一关键词进行搜索指数研究、需求图谱绘制、舆情信息洞察以及搜索人群刻画。搜索指数统计了网络用户搜索行为的时间轨迹，反映的是该关键词检索的时间特征，包括整体指数、电脑指数和移动指数；需求图谱总结了用户在搜索目标关键词前后的相关搜索行为，反映出用户对该关键词兴趣所在，即用户的感知内容；舆情信息梳理出互联网媒体对该关键词的关注程度，反映了用户获得相关信息的渠道；人群刻画对相关人群特征进行了可视化，反映了用户年龄、性别及其地域分布特征。

第一节　游客信息搜索行为模式

旅游决策是指个人根据自己的旅游目的，收集和加工有关的旅游信息，提出并选择旅游方案或旅游计划，并最终把选定的旅游方案或旅游计划付诸实施的过程（邱扶东，2007），包括确认旅游需要—旅游信息搜索—备选方案评估—旅游购买决策—旅游产品购买评价五个过程。与一般产品不同，旅游产品具有典型的后效性，旅游者只有在消费过程全部结束后，才能对其质量进行判断，而此时旅游购买行为已经结束，旅游产品无法保证价质相符。加之，游客需跨越巨大的空间阻隔，付出相当的时间成本，游客旅游消费风险和不确定性随之加大。因此，游客必须在旅游前借助各种信息源搜索目标产品信息，获得有关旅游目的地重要属性方面的客观信息。旅游信息搜索成为旅游决策过程的重要阶段，是旅游活动的重要内容，支撑旅游决策和旅游产品选择（Soojin et al.，2012）。而已有的研究成果证实，游客对旅游信息的获取主要在其计划旅游出行时（Pesonen et al.，2015；胡兴报等，2012）。因此，游前的游客信息搜索行为特征为掌握潜在游客行为特征提供了依据。

一、旅游信息搜索过程模型

一般说来，信息搜索过程分为信息需要、信息搜索和信息利用三个阶段（Choo，1999）。信息需要阶段，是信息搜索的启动阶段，由信息搜索任务及目的决定，表现为信息搜索动机；信息搜索阶段，是信息搜索策略实施阶段，由信息源、信息渠道等构成；信息利用阶段，是信息处理阶段，表现为用户基于信息搜索后采取的有目的和有意义的行动。

　　基于这一理论框架，旅游信息搜索模式亦可进行三阶段式划分，分别为旅游信息搜索启动阶段、旅游信息搜索执行阶段以及旅游信息利用阶段，如图3-1所示。

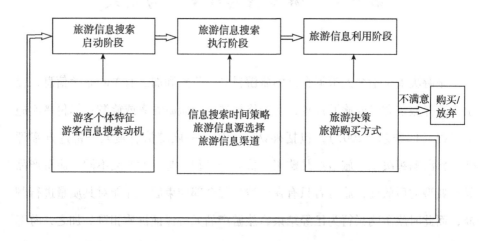

图 3-1　旅游信息搜索过程模型

　　旅游信息搜索启动阶段表现为游客个人特征及其旅游需求，是旅游需求显性的过程，受其性别、年龄、兴趣、学历等方面的影响。当游客产生旅游需求时，往往会出现对旅游目的地的认知障碍，导致大量不确定性产生，造成其旅游行为无法推进。旅游信息搜索动机是信息需要的表现，能够激发游客信息搜索行为，是游客信息搜索的直接动力。

　　旅游信息搜索执行阶段包括信息搜索时间策略、旅游信息源选择、旅游信息渠道选择。信息搜索时间策略是指游客何时搜索、搜索持续时间等，表现了游客信息搜索的努力程度。旅游信息源选择是指游客将根据自身旅游信息需求选择合适的信息来源，一般分为由作者原创的一次信息源、对一次信息源进行加工处理提取的二次信息源、以再生信息源或工具书为代表的三次信息源，以及以图书馆、档案馆、数据库等为代表的集约信息源。旅游信息渠道选择是指游客传递和接收旅游信息的途径，是旅游信息在交往中所使用的信息通道。从面向的对象范围划分，可分为开放性信息渠道和封闭性信息渠道。其中，开放性信息渠道包括大众传媒在内的、不局限于特定信息流通对象的信息途径，封闭性信息通道则是指特定信息交往之间的信息途径。

旅游信息利用阶段是指游客信息搜索行为执行后，结合信息搜索结果做出的旅游决策以及旅游购买方式。游客在搜索行为发生后，在对信息搜索结果较为满意的情况下才会进行信息利用。旅游信息利用是旅游信息搜索的最终目的，是为了解决游客旅游信息需要，降低旅游不确定性，进而进行旅游决策，其表现形式为游客是否购买及何时购买。当游客认为此次旅游信息搜索满足其需要，便会完成旅游决策，或放弃该旅游目的地，或进行旅游产品购买。如果游客对此次信息搜索不满意，将会继续进行下一次信息搜索，直至达到要求。旅游购买方式则反映了游客对旅游信息的信赖程度。旅游信息质量越可信，游客购买的即时性越强。

关中汉唐帝陵作为重要遗产旅游资源，蕴含了丰富的历史文化知识，能够满足游客的求知欲和审美需求，但同时带来了巨大的不确定性。游客无法用日常生活经验来估计帝陵遗产给自己带来的旅游感受。加之，关中汉唐帝陵多处于远离城市中心的远郊地带，选择此处为旅游目的地需要花费一定的时间和金钱，一旦游客身临其境的感受值低于其期望值，势必对景区产生负面感知，满意度降低。因此，关中汉唐帝陵游客在出行前的旅游信息搜索十分重要。

本章采取抽样和现场访谈相结合的方法，在关中汉唐帝陵景区入口处对即将进行参观游客进行调查。根据关中汉唐帝陵游客信息搜索动机、信息搜索时间策略、信息源与信息搜索渠道等，分析其游前信息搜索行为模式。

二、信息搜索动机分析

信息搜索动机是旅游信息搜索行为的起点，也是旅游信息搜索启动阶段的根本动因，它体现了信息搜索的任务。

关中汉唐帝陵游客信息搜索动机主要集中在帝陵目的地选择、愉悦心情、全面了解所选帝陵目的地、增长知识、满足求新求异心理、满足旅游渴望、消磨时间和增加聊天话题。其中，帝陵目的地选择搜索动机占比为22.55%，怀有此类动机的游客是为了了解帝陵遗产、印证历史信息而搜索。愉悦心情动机占比为20.59%，怀有此类动机的游客多是将帝陵作为众多旅游目的地之一，帝陵景观能够满足他们的旅游审美需求及出游渴望。全面了解所选帝陵目的地动机占比为19.61%，怀有此类动机的游客通过全面了解帝陵信息，进行旅游决策，进行详细的旅游计划，开展旅游活动。增长知识动机占比为16.67%，怀有此类动机的游客将关中汉唐帝陵作为历史的"活教材"，使枯燥的书本知识变为生动的感性认识。其余动机占比为20.59%。

关中汉唐帝陵游客信息搜索动机具有复合性特点。调查结果显示，仅有25%的游客是出于一种动机进行旅游信息搜索的，36.36%的游客出于双重动机，22.73%的游客出于三重动机，15.91%的游客出游动机更为复杂。胡兴报等（2012）将旅游信息搜索动机分为规划型动机、交易型动机、体验型动机、娱乐型动机、消遣型动机五种类型。关中汉唐帝陵游客信息搜索动机涉及其中的四个，规划型动机占比为42.16%，娱乐型动机占比为37.25%，体验型动机占比为17.65%，消遣型动机占比为2.94%。这也说明关中汉唐帝陵能够满足游客多个方面需求，多重因素驱动游客进行信息搜索。

在单项旅游信息搜索动机中，帝陵目的地选择、全面了解所选帝陵目的地两种动机出现次数最多，占比为42.16%。在多重信息搜索动机组合中，两者共占多重信息搜索动机样本的84.85%。该结果表明，游前的信息搜索主要是为完成特定任务而进行的信息搜索过程，即为旅游决策服务，是对关中汉唐帝陵预先感知的一种方式。

三、信息搜索时间策略

信息搜索时间策略是指信息搜索活动的时间性及计时规则，即游客何时搜索、搜索持续时间等。通过测度游客信息搜索时间特征，可以了解游客在信息搜索过程中付出努力的程度。

关中汉唐帝陵游客信息搜索时间调查结果显示，游客信息搜索时间策略与其信息搜索动机有着密切关系。当游客在选择帝陵作为旅游目的地，且旅游需求不甚明确时，游客会循环搜索帝陵目的地信息。43.14%的游客每月搜索一次，31.37%的游客半年搜索一次，20.59%的游客每周搜索一次，仅有4.90%的游客每天搜索一次。当游客已确定帝陵目的地，需要制订旅游计划，即旅游需求明确并决定付诸行动时，游客会提前搜索帝陵目的地相关信息。28.89%的游客会提前三天进行信息搜索，24.44%的游客会提前一周进行信息搜索，20.00%的游客会提前两周进行信息搜索，17.78%的游客会提前一个月进行信息搜索，仅有2.22%的游客会在当天进行信息搜索。游客信息搜索时间与出行时间密切度高，时间的提前幅度也说明了帝陵旅游决策较为慎重。

旅游信息搜索时间策略还表现在每次进行信息搜索所耗费的时间上。搜索时间在半小时以内的游客占比为17.14%，半小时至1小时的游客占比为15.24%，1~2小时的游客占比60.95%，超过2小时的游客占比6.67%。这说明游客在进行关中汉唐帝陵旅游信息搜索时投入大量的时间和精力。同样，游客每次花费在信息搜索的时间也与其搜索动机有关。信息搜索时间在1小时以上的游客中，85.71%的游客是规划型动机游客，13.22%的游客是体验型动机游客，2.07%的游客为其他类型；信息搜索时间在半小时至1小时的游客中，娱乐型动机游客占比为68.82%，消遣型动机游客占比为30.18%。这说明游客出游意愿越强烈，旅游计划越翔实，需要信息搜索时间越长。

四、信息源与信息搜索渠道分析

（一）信息源分析

旅游信息源是游客为满足个人旅游活动需要而获得信息的来源。旅游信息源的选择是根据自身旅游信息需求而进行的。关中汉唐帝陵游客的旅游信息源包括互联网、亲友推荐、旅游杂志与旅游宣传册、旅行社四种。76.84%的游客利用互联网作为旅游信息来源，以搜索引擎、旅游专业网站、政府及景区官方网站、旅游论坛等形式获得关中汉唐帝陵旅游信息。其中，游客旅游体验分享的旅游博客作为一次信息源，提供了最原始的旅游信息；旅游专业网站、政府及景区官网对关中汉唐帝陵旅游信息进行整合，是二次信息源；搜索引擎整合了互联网各种相关信息，属于四次信息源。13.68%的游客通过亲友推荐获得旅游信息，作为一次信息源，未经加工且一对一直接交流，因而可信度较高。5.26%的游客使用旅游杂志与旅游宣传册获得信息，此类信息源通过对包括游客体验、景区资源等一次信息源加工、处理、提取，梳理出关中汉唐帝陵旅游信息，有条理地展示了关中汉唐帝陵全貌，属于二次信息源。旅行社为促使旅游交易顺利完成，需向游客充分提供景区相关信息，但鉴于其经济属性和营销目的，会对原始信息进行一定的加工和整理，因此属于二次信息源。由此可见，关中汉唐帝陵旅游信息源主要集中于二次信息源。游客虽然希望得到更真实的旅游信息，但鉴于旅游活动的异地性、无形性，该诉求并不能完全达到，需要借助一定的信息渠道实现。

（二）信息搜索渠道分析

旅游信息搜索渠道是指游客传递和接收旅游信息的途径，是旅游信息交往中所使用的信息通道。关中汉唐帝陵游客的信息搜索渠道众多。首先是42.11%的调查对象通过全文搜索引擎获得相关旅游信息；其次是各类旅游专业门户网站占比22.11%；再次是旅游论坛和亲友交流，分别占比13.68%；最后是旅行社和旅游杂志，各占比4.21%。

汉唐帝陵游客进行信息搜索时多选择单一渠道。40.90%的游客仅通过一种方式获得帝陵旅游信息。这一类游客中55.56%选择搜索引擎，27.78%选择旅游门户网站、政府及景区官网，11.11%选择旅游论坛，5.56%选择旅游宣传册。信息搜索渠道组合越复杂，游客占比越低。这说明关中汉唐帝陵游客更倾向于一种权威的搜索渠道获得信息，且偏好单向地、被动地接受旅游信息。

三种以上渠道组合的游客占比为 31.81%。同时统计结果显示，多渠道组合的游客多选择多种网络渠道组合、网络+亲友交流、网络+旅行社等形式。网络成为关中汉唐帝陵旅游信息搜索渠道的主体。

以 2016 年为例，76.0% 的游客通过 PC 端互联网获取旅游信息，71.5% 的游客通过移动互联网获取旅游信息（艾瑞咨询，2016）。本章针对网络渠道的调研结果显示，首先是搜索引擎占比最大（53.42%），其次是旅游门户网站和官方网站（28.77%），最后是旅游论坛、博客等（17.81%）。搜索引擎以其强大的信息容量成为游客游前获得旅游信息的主要渠道。对搜索引擎进行进一步统计发现，关中汉唐帝陵游客使用的搜索引擎主要有百度、搜狗、SOSO 三种，其中百度的使用率最高（68.75%），搜狗次之（25.00%），SOSO 最低（6.25%）。旅游专业门户网站和政府及景区官网能够提供专业而详细的信息，为游客所利用。其中携程网占比最大，为 42.11%，阿里旗下的飞猪次之，为 21.05%，去哪儿网和同程网均占比 15.79%，虽然政府及景区官网也能够提供旅游信息，但游客对其依赖度不高，仅占比 5.26%。各种分享旅游体验、提供一手资料的旅游论坛、博客等社交平台也是游客重要信息搜索渠道。新浪微博因其即时性、互动性成为游客首选的社交平台类信息渠道，占比为 44.44%；马蜂窝重在用户原创性，游客可通过分享旅游体验而提前感知帝陵景区，占比为 33.33%；而穷游网主要提供预订等旅游辅助服务，为游客在帝陵旅游活动提供方便，占比为 22.22%。对多种信息网络信息搜索渠道进行比较可知，百度是关中汉唐帝陵游客集中选择的信息搜索渠道，能够满足游客对景区信息的需求，完成信息搜索任务。

综上所述，互联网已经成为关中汉唐帝陵旅游信息源和信息搜索渠道，由互联网提供的大数据可以刻画出游客的行为体验特征。百度搜索引擎作为众多信息搜索渠道，能够体现游客游前信息搜索行为特征。百度指数是基于网民对某一关键词的搜索情况进行统计分析的数据分享平台，能够显示该关键词搜索者的行为特征。

第二节　搜索人群基本特征

一、人口统计特征

检索统计发现，游客在出行前对关中汉唐帝陵有旅游需求的人群具有以下特征：在性别方面，男性和女性对关中汉唐帝陵进行检索的占比分别为76%和24%，男性比女性更加关注关中汉唐帝陵，对关中汉唐帝陵的旅游需求更显著。在游客年龄方面，19岁及以下占比为1%，20~29岁占比为16%，30~39岁占比为48%，40~49岁占比为32%，50岁以上占比为3%，表明中年群体占绝对优势，对文化遗产旅游更有偏好并愿意在此类产品上进行尝试。

二、地域分布特征

利用百度指数的自定义时段功能和地区筛选功能，截取案例帝陵不同省份游客搜索指数数据，求出平均搜索指数作为地域分布分析的依据。2014~2019年关中汉唐帝陵网络检索的地域分布差异显示，整体指数排名前10位的省份依次为陕西、广东、江苏、北京、浙江、河南、山东、四川、上海、河北。东部地区、中部地区、西部地区各省份平均整体指数为131、107、106，东部地区对关中汉唐帝陵的旅游偏好更强烈，西部地区，尤其是民族地区偏好较低。通过对三大区域间搜索指数的变异系数计算，东部地区为0.2672，中部地区为0.1869，西部地区为0.9434，说明不同地区对关中汉唐帝陵的感知差异度较大。西部地区，由于陕西的指数为极大值（388），拉高了整个区域的平均值。因此可以看出，游客对文化遗产地的感知与偏好深受区域经济条件和文化渊源的影响。

第三节 游客搜索时间特征

以"汉阳陵""茂陵""杜陵""昭陵""乾陵"为关键词,分别在百度指数检索2014~2019年关中汉唐帝陵周均检索指数,在搜索指数曲线图上截取百度指数数据并计算历年均值。2014~2019年搜索整体指数年均值分别为881、1125、1118、1346、1864、1776,呈逐年上升的趋势。值得注意的是,搜索移动指数呈增长趋势,说明随着智能手机的普及,越来越多的旅游者使用手机搜集与关中汉唐帝陵相关旅游的信息,了解关中汉唐帝陵及其周边的情况(见图3-2)。

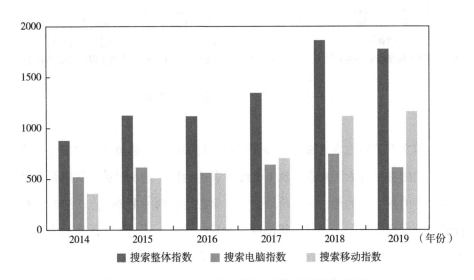

图3-2 2014~2019年关中汉唐帝陵搜索指数年度特征

图3-3汇总了关中汉唐帝陵周均检索指数。周均搜索指数从全年来看呈现逐渐上升的态势,从各月变化来看呈现倒"U"形,4~11月为波谷,12月至

次年 3 月为波底，各月游客检索量相对稳定，但具有差异性。其中搜索电脑指数各月差异较大（极值为 481~743，变异系数为 0.1174），搜索整体指数（极值为 781~1085，变异系数为 0.1433）和搜索移动指数变动较小（极值为 1300~1819，变异系数为 0.1187）。这说明文化遗产地在时间上全年适游，游客出游意愿受季节影响较小，但仍具有一定季节差异性，通过手机搜索的游客季节性更显著。

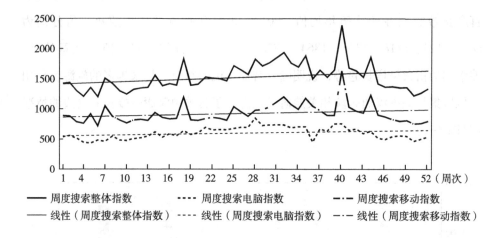

图 3-3　关中汉唐帝陵搜索指数周度特征

由前文对游客检索地域分布特征可知，对关中汉唐帝陵有出游偏好、感知度较高的游客多为近距离省份及东部经济发达地区。这说明关中汉唐帝陵既是短途游客的备选目的地，又是跨地区游客旅游行程的一个停留点。游客进行出行前旅游信息收集时，每周之间也存在差异性。图 3-3 显示，游客检索有四个较明显检索高峰：第 7 周、第 18 周、第 32 周、第 40 周。这四个高峰对应的是春节、"五一"假期、立秋前后、"十一"假期时间段。其中，春节、"五一"、"十一"是我国主要法定节假日，公众集中在这些时间段出游，对旅游信息的检索量和媒体曝光量也就达到高峰。较其他周次，这些时间段的信息量更大、信息涉及的范畴更大。截取检索高峰即黄金周各周一周的搜索指数，计

算 2014~2019 年的平均值。结果显示：黄金周每日平均搜索整体指数呈倒
"V"形曲线，假期的第一天达到最高值；搜索手机指数与整体指数规律相
同，但最大值滞后一至两天出现；搜索电脑指数呈"V"形曲线，最大值出
现在假期开始前两天，在假期第一天达到最小值。立秋前后是暑假旅游季中
的一个时段，天气转凉，为出游创造了条件。对这一周每日搜索指数进行统
计，可以发现，随着立秋临近，关中汉唐帝陵搜索整体指数逐渐升高，网络关
注度增加。

百度针对短时段提供了 7 天、30 天、90 天、半年的日检索指数数据。通
过对 2019 年 7~12 月半年日检索指数数据进行统计，游客在一周之内对关中
汉唐帝陵的检索呈现如图 3-4 所示的趋势。为了更好地显示搜索整体指数、电
脑检索指数、移动检索指数的关系，图 3-4 将电脑检索指数置于副坐标轴。搜
索指数显示，周二是旅游搜索的高峰期。根据我国的休假制度，游客平时如果
有出游计划，基本会安排在周末，因此周末旅游信息搜索量会比周中略低；周
一上班后，朋友同事就周末旅行进行交流，旅游相关的搜索量出现明显反弹。
但由于周一通常工作较为忙碌，对于旅游信息的关注度还未达到最高。而到了
周二，一周工作基本安排完毕，前一天的交流有了进一步的释放，周二成为旅
游搜索最多的一天也就顺理成章了。因此，从周一到周日，检索指数存在
"Z"字形波动规律，三类检索指数在周二达到峰值，随后降低。其中，整体
检索指数与移动检索指数在周五降到最低，在周末出现反弹；电脑检索指数则
在周五后迅速下降。这反映出游客出游决策的时间特征：周一至周四是决策前
信息搜集阶段，并且随着对关中汉唐帝陵认识逐渐清晰，其出游兴趣出现下
降；周五是出游决策制定阶段，因此对关中汉唐帝陵信息的需求降到最低；周
六、周日是出游决策实施阶段，信息检索量因游客检索渠道不同出现分化，移
动互联网提供了便捷的检索服务，游客可在出行过程中继续收集与关中汉唐帝
陵相关的信息，而电脑的不可移动性，使游客无法及时补充信息。该结果也说
明当前游客主要选择移动互联网作为信息收集渠道，景区应注重与移动互联网

公司的合作，及时对游客进行信息推送，尤其是在决策信息收集后期阶段，以影响游客决策行为。

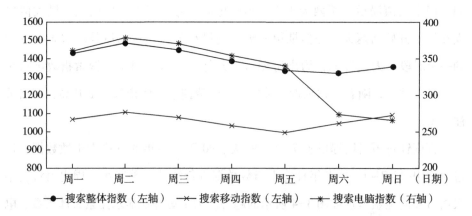

图 3-4 关中汉唐帝陵搜索指数日均特征

第四节 游客搜索热点特征

一、游客搜索热点整理

出行前的旅游体验表现为寻找出行兴趣所在及去往目的地的可行性，即游客的信息检索和决策过程。因此，以"汉阳陵""乾陵"为例，本节截取 2019 年 1 月至 2019 年 6 月相关词分类和"百度知道"数据，对游客检索热点特征进行分析。

百度指数需求图谱功能通过分析用户在搜索某一特定关键词前后的搜索行为变化，显示用户的检索需求，发现用户检索热点所在，揭示游客制定决策时的信息依据。表 3-1 统计了一年中百度搜索指数前 15 位的相关检索词，显示出游客在对汉阳陵及乾陵进行信息搜索时关注的热点。

表 3-1　汉阳陵和乾陵检索词检索情况

排序	检索词		排序	检索词		排序	检索词	
	汉阳陵	乾陵		汉阳陵	乾陵		汉阳陵	乾陵
1	银杏林	地图	6	茂陵	武则天	11	攻略	风水
2	游记	天气	7	一日游	秦始皇	12	汉朝皇帝列表	佛教
3	汉景帝	西安	8	被盗	咸阳	13	黄帝	书法
4	图片	旅游	9	黄帝陵	官网	14	黄帝陵	科技
5	门票	旅游攻略	10	杜陵	道教	15	汉阳陵博物馆	三维复原图

　　需求图谱同时还总结了用户在搜索目标关键词前后的相关搜索行为，反映出用户对该关键词兴趣所在，即用户的感知内容。相关词分类分为来源检索词和去向检索词，分别反映了用户的搜索中心词之前及之后还有哪些搜索需求。图 3-5、图 3-6 分别总结出汉阳陵、乾陵的来源检索词和去向检索词的排名前10 位。

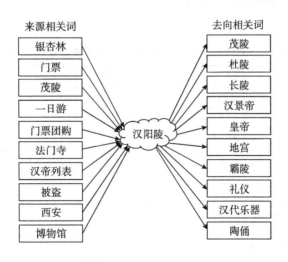

图 3-5　汉阳陵相关词分类

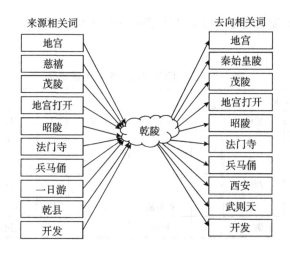

图 3-6   乾陵相关词分类

舆情洞察的"百度知道"模块汇总了用户在"百度知道"平台上互动问答的结果，也反映出用户的搜索关注点，用户自己根据需要，有针对性地提出问题，并获得专业性知识的平台。"百度知道"的搜索结果也反映出游客对汉阳陵、乾陵的信息检索热点。表 3-2、表 3-3 分别是对汉阳陵和乾陵在"百度知道"被询问次数排名前 10 的问题。

表 3-2   "百度知道"中有关汉阳陵被询问次数靠前 10 的问题

排序	问题
1	汉阳陵银杏林要门票吗
2	汉阳陵门票多少钱
3	汉阳陵银杏林怎么走
4	西安乾陵、昭陵、茂陵、汉阳陵中哪个最值得去
5	汉阳陵被盗过吗
6	汉阳陵国家考古遗址公园和汉阳陵博物馆是一个地方吗
7	汉阳陵的文物遗存
8	汉阳陵的历史沿革
9	汉阳陵是谁的墓
10	汉阳陵由什么组成的

表 3-3　"百度知道"中有关乾陵被询问次数前 9 的问题

排序	问题
1	西安怎么去乾陵
2	西安到乾陵怎么去
3	陕西省乾陵武则天墓碑上共有几个字
4	求关于乾陵的简介
5	武则天乾陵地宫内到底有多少宝藏
6	为什么唐朝皇陵只有武则天的乾陵没有被盗
7	从西安到乾陵大概要花多少时间
8	乾陵在哪儿
9	大雁塔、鼓楼、钟楼、西安古城墙、秦始皇陵兵马俑、大唐芙蓉园、乾陵、西安古城墙的门票价格

二、游客搜索热点内容分析

关键词的共现可以揭示研究对象之间的相互关系。智烈慧等（2016）认为旅游信息检索中相关词共现能够反映游客行为过程和感知结果，能够体现特定事件、特定类型旅游者群体行为感知的特征。本章通过汇总和梳理汉阳陵、乾陵游客搜索热点，发现游客在出行前的旅游体验更多满足以下六个方面的兴趣：

（一）帝陵主人身份

"武则天""汉景帝""汉帝列表"等词汇的出现，反映出游客在关注关中汉唐帝陵时，更多的是对陵墓主人的兴趣。而在乾陵的相关词中，同为陵墓主人的唐高宗李治却未出现。这说明游客更关注在带有神秘色彩及独特身份的信息上，而对于官方正史的了解并不是他们的主要兴趣所在。

（二）旅游资源构成

共现关键词中出现了"地宫""建筑""壁画""无字碑""历史""文房四宝""书法""风水""银杏林""礼仪""汉代乐器""陶俑"等词汇，显示了游客对乾陵景区的旅游资源情况的关心；同时也可以看出，帝陵旅游资源可分为有形旅游资源（如"地宫""建筑""壁画""无字碑"）和无形旅游资源（如"历史""文房四宝""书法""风水""礼仪"）两大类。有形旅游资源在整个检索时段中长期出现，是其旅游品牌的主要支撑，近年来无形旅游资源逐渐被游客关注，是引起游客出游兴趣新的吸引力。

（三）保护状况

对于遗产旅游目的地，其原真性是吸引游客的重要竞争力，因此，保护状况也是游客的兴趣之一，也会影响到游客体验效果。"地宫打开""地宫为什么不打开""国家为什么不开发""地宫被盗""盗洞""被盗""国家考古遗址公园"等一类词汇出现频率较高，反映出游客对乾陵保护状况的关注。乾陵作为唐陵中唯一未被盗挖的帝陵，完整性、原真性是其吸引力所在。

（四）相关热门事件

在搜索指数较高的时间段中，搜索相关词出现了"曹操墓""老梁故事汇"等词汇，说明热门事件对游客搜索行为具有积极的诱导作用。影视作品、电视节目等热门事件生动地展示了历史情节，使游客对帝陵主人的抽象认识具象化，而帝陵遗产为历史知识与虚构文学搭建了一座桥梁。枯燥的历史文献吸引力低，无法让人们感受到盛世王朝的风采，而影视作品和电视节目过多的引入推测假想，可信度差。帝陵遗产以其真实面貌印证了历史文献，增加了吸引力，同时又克服了影视作品的"戏说"性质。因此，游客通过搜索帝陵信息，了解更多更真实的相关历史和人物。

（五）其他旅游关联要素

对其他旅游关联要素的关注表现为三个方面：一是对旅游线路的关注；二是对可达性的关注；三是了解景区信息的渠道。"昭陵""秦始皇陵""长陵""茂陵""法门寺""华山""一日游""黄帝陵"等词汇的出现反映了对旅游线路的关注，说明乾陵在游客的计划行程中是线路中的一个节点，不能作为单独的旅游目的地。"乾陵旅游攻略""西安如何去乾陵""门票""西安旅游攻略""西安到乾陵大概花多少时间""天气"等词汇和语句反映了游客对可达性的关注。传统意义上的旅游可达性局限在旅游交通的通畅性上，而在信息急速增长的背景下，旅游可达性包括时间的可达性、精力的可达性以及经济的可达性。游客通过互联网搜索了解景区对自身时间、精力以及经济的要求，进而决定自己是否能够到此游览。"图片""视频""三维复原图""科技"等词汇与"乾陵"前后出现，反映游客获取相关信息的渠道不仅限于文字介绍，希望通过图片、视频等方式身临其境地体验乾陵的风光和文化；"三维复原图"等词汇说明了游客对原真性的诉求，尽管乾陵保护的完善程度比其他遗产要高，但依然与史书记载有很大出入，游客希望在保持原状的基础上通过现代科技手段领略到乾陵盛世之貌。

（六）品牌地位

乾陵是唐代帝陵中建造时间最长，设计最严格的帝陵，是唐十八陵中主墓保存最完好的一个，也是唐陵中唯一没有被盗的陵墓。再加上墓主人身份特殊——唐高宗李治和武则天"二圣"合葬与此，在墓制史上独树一帜，因此在陕西及全国都具有极其重要的代表意义。在搜索关键词中多次出现"乾县""西安""咸阳""国家""世界"，说明乾陵在网友心目中足以代表这些地区形象，是乾县、西安、咸阳等旅游目的地重要旅游景区；同时也认可了乾陵在我国遗产旅游中的价值。相比之下，汉阳陵开发时间较短，知名度较低，品牌效应较小，区域代表性不明显，此类搜索关键词出现的频率低且种类少。

第五节　小结

游前的游客信息搜索行为是游客在出行前旅游体验的表现。以关中汉唐帝陵为代表的关中汉唐帝陵游客信息搜索行为特征表现出以下特征：

空间上，东部地区旅游偏好最为强烈，西部地区，尤其是少数民族地区偏好较低。西部地区内部旅游偏好差异度较大，中部地区内部旅游偏好最稳定。这反映出游客对文化遗产地的感知与偏好深受区域经济条件和文化渊源的影响。

时间上，游客对关中汉唐帝陵的信息搜索量逐年升高，反映出游客对此类旅游资源的偏好逐年增强。景区全年适游使得年内信息搜索量较为稳定，仅在黄金周前后出现巨大波动。一周的信息搜索指数反映出游客的决策过程，周一至周四为决策信息搜集阶段，周五为决策制定阶段，周六、周日为决策实施阶段。

信息搜索的关键词反映了游客对旅游目的地的兴趣，体现了游客决策的影响因素。通过对搜索关键词来看，游客更多关注帝陵遗产的原真性，具体表现在对帝陵主人真实情况、景区旅游资源构成情况、帝陵保护状况信息及帝陵遗产区域影响力的关注。同时，游客对与景区相关，诸如旅游线路、可达性也有考虑，进一步说明了旅游体验的综合性和多元化。

第四章　游中的游客时空行为
特征及感知过程分析

游中的游客行为是指从游客离开惯常居住地到返回整个阶段空间位移、体会与感受，强调其"现场性"，包括游客在这个过程中实际体验到的每一个要素以及对要素的评价。

以即时性网络沟通工具提供的大数据服务，能够最大限度地获得研究区域即被研究的旅游目的地游客体验数据，为旅行中游客体验信息收集提供了工具和平台。特别是，能够站在游客自己的立场上、实时表达个人体验感受，不受调查者、调查方式的影响，所得体验信息更真实可靠。

本章根据五个案例的帝陵历年及各季度游客接待量，结合微博数据中的时间信息分析游客时间行为特征，利用微博数据的地理标签分析游客空间行为特征，基于微博文本分析体验情感及体验空间特征。以中文社交媒体平台——新浪微博作为数据来源，采用笔者所在研究团队研发的微博抓取工具，通过 API 接口获取游客用户 ID、微博发布时间、微博内容、用户注册地等属性在内的微博数据（为避免游客信息泄露风险，数据抓取信息不包含游客的昵称）。本章重点研究参观景区游客行为特征，故微博发布的经纬度在景区边界以内的游客为本章研究样本，最终采集得到 2023 年 6 月至 2024 年 5 月的关中汉唐帝陵（汉阳陵、茂陵、杜陵、昭陵、乾陵）游客新浪微博数据。

为研究不同游客在关中帝陵景区的体验感受，对抓取数据进行如下预处理：第一，剔除景区地理坐标范围之外以及开放时间以外的用户 ID；第二，梳理微博文本内容，查找出重复出现且与旅游感受无关的微博数据予以剔除；第三，剔除无文字的微博签到信息，此类用户数据无法表达在景区内的旅游感受。

本章运用 ArcGIS 10.0 分析游客的时空特征；运用 ROST CM6 文本分析软件，利用网络文本分析法对关中汉唐帝陵游客微博信息进行挖掘，对游客进行情感分析，从而区分出不同客源地的友好程度；用语义分析法分析游客游中体验要素。

第一节 游客时空行为模式

旅游是指非定居者出于定居和就业以外目的的旅行和逗留而引起的现象和关系的总和（郑冬子，2005）。游客为满足旅游需要，必须能够从惯常居住地转移到旅游目的地、从一个景区转移到另一个景区。因此，异地性和流动性是旅游活动的基本特征，具体表征为游客的时间行为和空间行为。

游客的时间行为体现了游客在一定时间范围内的旅游过程，反映出旅游行为时间规律。由于气候变化、突发事件、节假日安排、旅游营销、旅游资源属性、交通距离、人口统计学特征等因素的影响，游客出行出现明显的叠加，呈现显著的差异性和规律性（唐佳、李君轶，2016）。根据游客出游时间的集中情况，游客时间行为尺度可以分为年际变化、年内季节/月度变化、周内变化等。年际变化能够体现旅游业整体发展态势，为旅游业发展规划、预测游客接待量提供依据。年内季节/月度变化、周内变化反映出短时段内旅游目的地的资源利用强度，有利于合理配置资源和调节服务质量（张铁生、孙根年，

2014）。关中汉唐帝陵作为旅游接待部门的历史较长，年际变化不仅能反映景区发展情况，也能够反映我国整体态势。年内不同尺度的时间行为特征，有助于认识景区旅游供求关系的时间性，为景区客流分时调节和弹性管理提供依据，对提升景区风险管理能力具有重要意义。

游客的空间行为体现了游客在一定地域范围内的旅游过程，反映出旅游行为的地理性质（张珍珍，2016）。根据游客活动范围和移动距离可以分为大、中、小三个尺度空间行为。大尺度空间行为是指游客从客源地到目的地以及多目的地之间的流动，中尺度空间行为是指在单个目的地内部的空间分布和移动模式，小尺度空间行为指游客在单个景区内部的空间分布规律和行为模式。本章研究是针对关中汉唐帝陵整体展开的，研究区域关中汉唐帝陵是由多个帝陵构成的景区组合，因此，主要从大尺度和中尺度进行分析。

Lue 等（1993）在1993年提出游客空间行为模式（见表4-1），该模式是在对游客需求及旅游目的地功能分析的基础上形成的，并且指出游客空间行为模式的选择是基于旅游目的地区域的"累计吸引力"。该模式将游客旅行安排分为五种类型。保继刚和楚义芳（2012）根据中国游客的出行特点，将游客空间行为分为涉及省际、全国、国际范围的大尺度，涉及省内、地区（市）内的中尺度，涉及县（市）内、风景区内的小尺度；指出游客在大尺度下更倾向于前往较高级别的旅游目的地，并采用环状旅游线路；而在中小尺度下会选择节点状线路，且线路对旅游效果影响较大。

表4-1　游客空间行为模式

模式	内容	路线
单一目的地型 （single destination pattern）	游客只为一个目的地进行旅游活动	客源地 ↔ 目的地
沿途线型 （en route pattern）	游客往返客源地与目的地途中，顺路游览沿途景点	客源地 →

续表

模式	内容	路线
营地型 （base camp pattern）	旅游活动围绕一个主要目的地，并以此作为营地游览附近目的地	
区域型 （regional tour pattern）	旅游活动在特定区域内的一系列旅游目的地展开	
旅行链型 （trip chain pattern）	整个行程的目的地组合成闭合链状，游客依次游览	

资料来源：Lue 等（1993）。

对关中汉唐帝陵游客的调查结果发现，前往五个样本帝陵的游客呈现不同的空间模式。从距客源地的距离来看，大尺度下的游客空间行为表现为营地型，即游客将西安作为基地，把关中汉唐帝陵作为西安辐射地区进行游览；中尺度下的游客空间行为表现为单一目的地型，因为客源地较景区距离较近，游客会以帝陵为专门目的地进行参观，然后返回。从景区级别来看，AAAA 级景区游客的空间行为单一目的地型，AAA 级景区游客的空间行为多为沿途线路型，即在返程时顺路参观。

通过对游客空间行为的分析，我们可以初步了解游客的旅游需求，以及他们对关中汉唐帝陵景区的感知内容，进而为完善景区服务提供理论借鉴。

第二节　游客时空行为特征分析

一、游客时间行为特征

（一）游客年度特征

2010 年 4 月起，原国家旅游局建立了"A 级旅游景区管理系统"，全面及时收录 A 级旅游景区基本信息，从而建立完备的旅游景区基本信息数据库。本章提取出关中汉唐帝陵自 2015~2019 年年度数据及季度数据，来分析游客的时间特征。

　　图 4-1 是对 2015~2019 年关中汉唐帝陵年游客接待量的统计。2015~2019 年，关中汉唐帝陵游客接待普遍呈上升趋势，这与我国旅游业快速发展、人们生活方式转变的大背景有着密切关系。但景区之间仍存在差异性，汉陵（阳陵、茂陵、杜陵）每年游客接待水平较唐陵（昭陵、乾陵）均衡，AAAA 级景区（阳陵、茂陵、乾陵）的游客接待情况优于 AAA 级景区（杜陵、昭陵），文物及景观保存完整景区（乾陵、阳陵）游客接待量高于被破坏景区（昭陵），距离城区较近的景区（阳陵、杜陵）接待量高于远郊地区的景区（昭陵）。

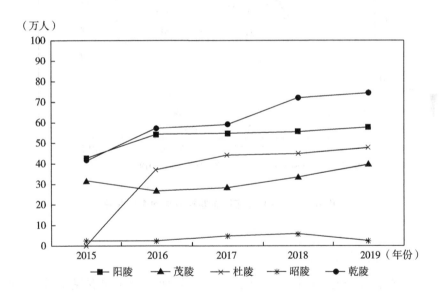

（万人）

图 4-1　2015~2019 年关中汉唐帝陵年游客接待量

（二）游客季度特征

　　关中汉唐帝陵游客年内变化规律如图 4-2、图 4-3 所示。总体上看，不同年份的季节性变化趋势相近，普遍表现为第二、第三季度游客接待量较第一、第四季度高。不同帝陵的季度变化存在一定差异性。除乾陵的接待高峰出现在第三季度外，关中汉唐帝陵的旅游旺季皆出现在第二季度。此外，汉陵游客接待季节规律趋同，而唐陵出现较大分歧。相较于汉陵，唐陵普遍距市区较远，需要花费游客较多的时间和费用才能抵达，因此，景区规模、特色等吸引力足够巨大才能吸引游客前往游览。这说明游客接待量季度变化受到距离和旅游吸引力双重影响。

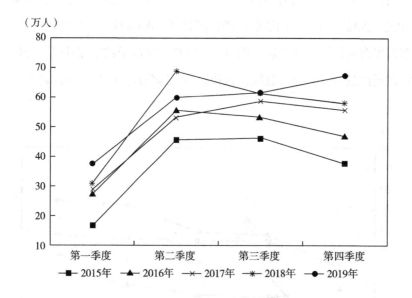

图4-2 关中汉唐帝陵游客接待年均季度差异

（三）游客日均差异

游客微博发布时间可以精准显示游客出游时间。图4-4是基于微博数据统计的游客一周内游览情况。关中汉唐帝陵呈现显著的"周末效应"，即随着周末的到来，游客人数出现迅速增长，并显著高于工作日（李晶等，2017）。与游前游客信息搜索时间分布特征进行相关性分析发现，不同时间游客前往帝陵的人数与对应时间的信息搜索移动指数呈高度正相关关系（$r=0.889$），与信息搜索电脑指数呈负相关关系（$r=-0.261$），与信息搜索整体指数呈正相关关系

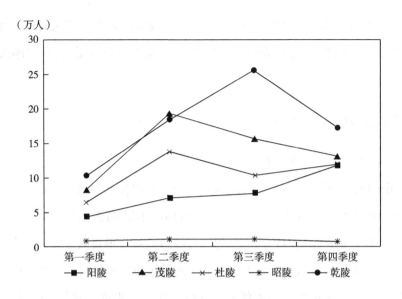

图4-3　关中汉唐各帝陵游客接待季度差异

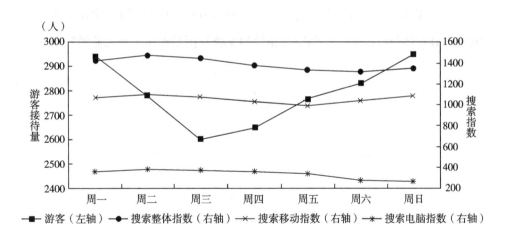

图4-4　关中汉唐帝陵周内游客接待量

（$r=0.561$）。游客游览帝陵时间分布与搜索指数存在互补关系，说明随着出游时间的临近，进行信息搜索的潜在游客转变为现实游客的可能性增大，移动互联网提供的帝陵信息对游客决策起到正效应，前期信息搜索能够加速游客决策的实施，工作日的信息搜索为周末出行奠定了基础。同时，周末时段游客访问量与搜索移动指数变化趋势一致，便捷的移动互联网满足了游客即兴旅游需求。

二、游客空间行为特征

(一) 游客空间行为总体特征

如图4-5所示，游客数量与距离呈现一定规律性。距离根据游客用户注册地到陕西西安行车里程或航班飞行时间来确定。国内游客数量与其客源地距离呈"W"形分布，即随着距离的增加游客数量先减后增再减再增，短途与长途游客占比较大。从区域上看，关中汉唐帝陵游客集中在华东、华北、西北等地区，东北地区游客最少；具体到每个省份，陕西、北京、河南、广东、江苏、上海等地是主要客源地，宁夏、香港、澳门、青海游客参观人数最少。由此可见，游客体验受到自身社会文化背景的影响（Holland，2007），文化因素是影响游客分布的重要因素，相似以及相悖的文化氛围都产生了极大旅游吸引力。

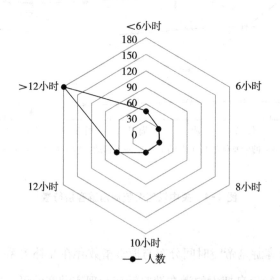

图4-5 游客人数与距离关系

与基于百度指数的潜在游客地域分布进行相关性分析后发现，基于微博统计的游客地域分布与潜在游客搜索地域分布存在高度正相关关系（r＝0.884），其中，陕西、广东、江苏、北京、浙江、河南、山东、四川、上海、河北、山西、安徽、福建、辽宁、湖北等在搜索指数排名前15位的省份，同时也是实际客源地的前10位，且排序相同。这说明关中汉唐帝陵潜在游客与现实游客的空间分布匹配度高，潜在游客转化为现实游客的机会较大。

（二）不同时段客源地分布特征

从全国来看，关中汉唐帝陵全年适游，但游客行为仍存在季节性，表现为第二、第三季度全国游客接待量占全年的60%，第一、第二季度接待量均不超过20%，气候转暖带来景区游客激增。

从区域来看，游客覆盖了华北、华东、华南、华中、西北、东北、西南全国七大区域。根据对各区域游客接待量方差计算结果，西北地区全年游客接待量平稳；华南、东北地区全年接待量略有波动；其他四个地区呈现出明显季节性。从游客接待比重上看，各区域游客市场位置基本稳定，华东、华北、西北地区各季度始终占据前三位，华中、西南、华南、华东依次为后四位。这与前文客源数量与距离关系分析一致。

从省份来看，陕西、北京、江苏、上海、广东、甘肃6个省份在四个季度都稳居客源市场前6位，澳门、青海、台湾、西藏、海南、内蒙古则游客访问量极少，在每个季度及月份中排名略有波动。

第三节　游客感知行为模式

旅游感知是旅游者在旅游者常住地或旅游目的地将外部信息被动接收后和自身已有的旅游经验进行对比所形成的和旅游目的地事物密切相关的认识和评

价（白凯等，2008），是游客在与旅游目的地或景区接触过程中形成的综合印象，表现为游客在消费旅游产品或服务和支付价格以后所得到的主观感受。

一般来说，游客对旅游活动过程及其服务的满意程度，主要取决于游客感知水平（胡道华、赵黎明，2011）。通过感知，游客筛选出旅游活动中的关键信息，表达个人对旅游目的地的态度，进而为下一次旅游决策提供借鉴。Abler 于 1975 年提出的感知、态度与行为模型有力地说明了该过程（张安民，2008），如图 4-6 所示。

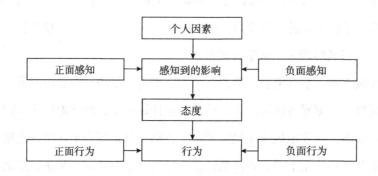

图 4-6　感知、态度与行为模型

资料来源：张安民（2008）。

该模型不仅提出感知对态度，进而对行为的影响，而且强调了感知本身的正面、负面属性。正是旅游感知自身的性质差异才会形成游客的不同态度和后续的不同旅游行为。因此，感知的情感属性才是游客感知的本质内涵。只有在旅游活动中获得了积极情感，游客才会持续推进旅游活动，并期待下一次的行程。因此，本节对游客在关中汉唐帝陵的感知属性进行研究。

根据游客与旅游目的地接触程度的不同，游客感知亦存在差异性。美国学者 Gunn 将这种差异概括为原生形象和诱导形象（解为，2014）。原生形象是指游客还未到达目的地时，通过信息搜索获得游前感知印象，诱导形象则是指游客实地旅游后、亲自感受和体验后获得的感知印象。旅游过程中游客"沉浸"旅游目的地其中，真实感受了旅游原真性，因此，更具有客观性和真实性。第三章研究结果表明，关中汉唐帝陵游客获取旅游信息渠道过于单一，游客关注热点集中，这就造成"原生形象"薄弱，潜在游客无法获得期望的感知信息。游客只有通过旅游活动的开展，真正参与到旅游产品当中，才能形成真切的旅游感知。因此，探讨游客在旅游过程中的不同心理感受即游中的游客感知更为重要。

旅游活动自身的综合性，使得游客感知内容呈现复杂性，因此受到多重因素影响（胡道华、赵黎明，2011；张安民，2008）。对已有研究成果进行整理后，本节将可能影响关中汉唐帝陵游客感知的因素制作成量表，并形成游客感知因素体系Ⅰ（见图4-7），在样本景区进行调查，由游客来识别感知因素的重要性。

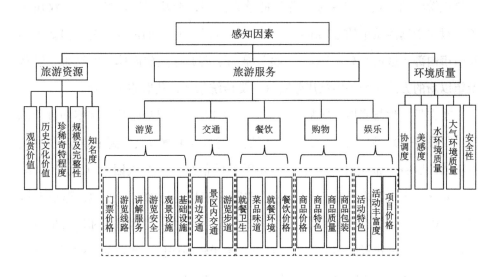

图4-7　关中汉唐帝陵游客感知因素体系Ⅰ

在游客调查及访谈过程中，游客对研究设置的感知因素进行筛选、合并，并对其重要性排序，最终形成如图4-8所示的游客感知因素体系Ⅱ。该感知因素体系将作为游后满意度调查依据。

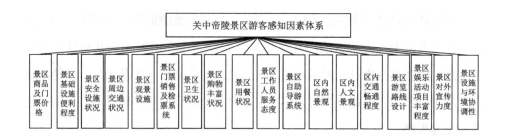

图 4-8　关中汉唐帝陵游客感知因素体系 Ⅱ

相比一般景区，关中汉唐帝陵游客感知因素主要集中在"食""行""游""购""娱"方面，景区景观构成是游客感知的重要方面，这与景区性质有很大关系。帝陵旅游资源的优势在于其历史文化价值及审美价值，游览参观是主要的旅游活动形式，游客对"游"的感知强烈，涉及项目较多。关中汉唐帝陵一般位于远离城市的远郊地区，游客对"食""行"的需求显著，但要求不及城市内部景区那么高。"购""娱"是当下游客注重旅游体验的结果，游客希望以新的方式接触关中汉唐帝陵这一类传统景区，获取旅游感知。

在文献整理与实地调研基础上，本节构建出关中汉唐帝陵游客感知过程模型（见图 4-9）。游客在进入帝陵景区后，通过参观游览收集到帝陵景观特色、帝陵景区服务、帝陵环境质量等感知因素的信息，在个人因素（地域差异、文化差异、出行习惯）的作用下对感知因素信息进行加工、处理，形成游客感知。由于感知带有情感属性，因此形成了积极情感的游客感知和消极情感的游客感知。怀有积极情感的游客会对景区给予较高评价，实现重复购买，成为忠实游客；怀有消极情感的游客则会对景区评价过低，产生抱怨，并形成负面口碑。因此，关中汉唐帝陵景区游客在旅游过程中受到哪些感知因素刺激、形成何种情感，对提高游客满意度、提升景区质量有着重要意义。

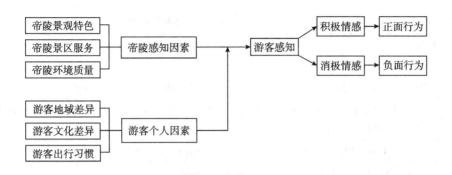

图 4-9　关中汉唐帝陵游客感知过程模型

第四节　游客感知特征分析

一、游客感知情感特征分析

内容分析法将非定量的文献材料转化为定量的数据，并依据这些数据对文献内容做出定量分析和做出关于事实的判断和推论，具有对于明显的传播内容，进行客观且系统的分析，并加以量化描述的基本特征，可以借助计算机进行数据的分析处理，为使用现代信息技术处理研究问题提供了新的思路（邱均平、邹菲，2004）。利用内容分析法分析游客微博数据可以在第一时间掌握游客的旅游体验感受，能够全面反映游客旅游感知效果，克服了传统的问卷调查预设考察项目的缺陷，更加真实贴切综合地传递旅游信息。ROST CM6 的情感分析功能根据其自带字库将游客表达体验的主观性文本赋分，进而区分出积极、中性、消极三种情感极性，并在每个类型里划分出一般、中度、高度三个情感极性强度，从而更好地识别游客感知效果。本节内容以中国游客微博为依据进行情感分析。表 4-2 为摘选的不同情感极性微博消息示例。

表4-2 不同情感极性的微博消息示例

极性	微博消息示例
积极情感 （>0）	唐太宗和武则天的合葬墓，好浪漫啊
	乾陵的神道真的很壮观，翼马很卡哇伊有木有，估计古代的工匠有穿越过
中性情感 （=0）	懿德太子墓，唐中宗之子，内饰超越太子等级，暗示中宗对于母亲武后的不满，走真正的墓道，还有盗墓洞
	日暮匆匆入陵迟，才人依旧卧龙池，无字碑前怀千年，谁曾幽寂帝王志
消极情感 （<0）	AAAAA级景区逛习惯，AAAA级乾陵有点不习惯
	好无聊

（一）游客总体情感特征

表4-3汇总了关中汉唐帝陵游客感知情感极性。从情感极性来看，积极情感游客占比39.58%，消极情感游客占比14.64%，说明多数游客表达了明显的情感倾向，并且不足四成游客对关中汉唐帝陵景区体验表示满意；而45.77%的游客表达了中性情感，即这部分游客处于中立立场，微博内容以客观陈述发言为主。

表4-3 不同情感极性游客汇总　　　　　　单位：%

强度	积极情感	中性情感	消极情感
一般 （1~10）	25.19	—	10.82
中度 （10~20）	8.95	—	10.82
高度 （20以上）	5.44	—	0.58
总计	39.58	45.77	22.22

从情感极性强度来看，一般积极情感游客占比25.19%，中度积极情感游客占比8.95%，高度积极情感游客占比5.44%；一般消极情感游客占比10.82%，中度消极情感游客占比10.82%，高度消极情感游客占比0.58%，游客情感极性强度呈正态分布。越积极和越消极的游客数量越少，情感越中立的

人数越多；表达非常满意或非常支持情感的游客所占比重高于表达非常不满意或非常反对情感的游客。

从微博情感得分情况看，消极情感得分和积极情感得分均呈右偏态分布，即分布中低分更多，游客体验的极致感受不强烈。消极情感平均得分-8.0743，标准差7.6472，变异系数0.9471；积极情感平均得分10.7949，标准差9.8532，变异系数0.9128。这说明抱有积极情感的游客体验感受相近，大家对景区认知一致；相较之下，抱有消极情感的游客体验差异显著。

（二）不同游览时间情感特征

游客体验是受多方面因素影响，游览时间不同感知的差异也会很显著。如图4-10所示，总体来看，积极情感和中性情感游客在时间趋势上随时间减少，与此相反，消极情感游客随时间增加；伴随旅游旺季到来游客的消极情感逐渐增加，旅游淡季时游客的旅游体验相对较好。积极情感游客在研究时段内比重保持平稳，说明关中汉唐帝陵景区能够给游客提供的良好体验保持稳定。但中性情感和消极情感游客在研究时段内波动较大，并且图中曲线的波峰波谷呈相对的形态，说明两者之间存在相互转化关系。

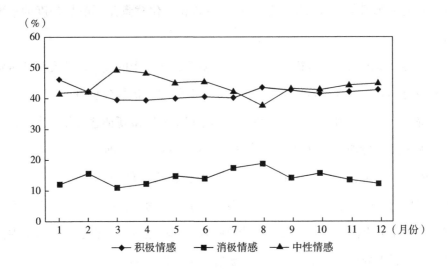

图4-10　各月份游客情感统计

（三）不同客源地情感特征

旅游景区独一无二的特色能够形成顶级的旅游体验，但是由于距客源地的距离、旅游设施的完善程度以及旅游资源自身的脆弱性，这种顶级体验不是所有游客都能达到（McKercher and Ho，2006）。因此本章利用情感分析得分构造出两个概念——游客拥护度和游客喜爱度来衡量游客在景区的旅游感知水平。

其中，游客拥护度表示游客对该关中汉唐帝陵景区的拥护程度，积极情感游客人数占比越大，景区受拥护的程度越高，游客的认可程度也越高，即游客拥护度越高。

$$游客拥护度 = \frac{积极情感游客人数}{积极情感游客人数+中性情感游客人数+消极情感游客人数} \times 100\%$$

$$(4-1)$$

将各省份游客按游客拥护度分为低拥护度、中拥护度、高拥护度和极高拥护度四个等级。其中低拥护度（内蒙古、海南、澳门）和极高拥护度（西藏、黑龙江、台湾）区域呈零星分布；中拥护度区域在空间分布上呈现连续性，高拥护度区域则呈现斑块状零散分布。距离和文化背景是影响拥护度的重要因素。

游客喜爱度用情感分析得分值表示。游客在微博中的文字表达反映其游览中的情感体验，游客越是喜爱某景区，那么其情感分析得分越高。

除了内蒙古、海南、福建、澳门，其他省份游客微博情感得分均为正，说明绝大多数省份游客在关中汉唐帝陵景区体验良好。江苏、江西、浙江、河北、陕西、北京、贵州、甘肃、天津、广西、黑龙江共11个省份，积极情感游客占比高于中级情感和消极情感游客。香港、青海、西藏、宁夏、山西5个省份情感得分更高，表现为无消极情感游客，且积极情感游客占比略高于中性情感。情感得分最高的是台湾，来访游客皆为积极情感。

根据各省份游客情感得分，可将国内市场分为消极市场（内蒙古、福建）、中立市场（湖南、湖北、河南、重庆、四川、云南、安徽、吉林、广东、上海、辽宁、新疆、山东）、友好市场（江苏、江西、浙江、河北、陕西、北京、贵州、甘肃、天津、广西、黑龙江）和忠诚市场（香港、青海、西藏、宁夏、山西、台湾）。

　　游客拥护度和游客喜爱度共同反映了游览关中汉唐帝陵游客的旅游体验，更真切地表达了游客旅游体验的差异度。以山西为例，山西为低拥护度客源地，但是游客喜爱度较高，说明前往关中汉唐帝陵游客占比较低，但在关中汉唐帝陵游览过程中能够得到极高品质的旅游体验；与此相反，山东虽为高拥护度客源地，但游客喜爱度为负，说明某些游客的旅游体验欠佳，出现负面情绪。因此，根据各省份游客的游客拥护度和游客喜爱度得出如图4-11的四象限图。坐标轴焦点坐标用各省份游客拥护度和游客喜爱度平均值确定，第一象限为高拥护度、高喜爱度，第二象限为高拥护度、低喜爱度，第三象限为低拥护度、低喜爱度，第四象限为低拥护度、高喜爱度。据此，可将关中汉唐帝陵游客市场划分成四个等级（见图4-11）。

　　一级市场：高拥护度、高喜爱度。包括台湾、西藏、香港、青海、广西、宁夏、黑龙江、天津、陕西、甘肃、贵州。此类游客市场占有率高，并且游客个体体验感受较好，在营销宣传和产品建设方面要维持和加强原有方向，以保证游客体验质量。

　　二级市场：低拥护度、高喜爱度。包括北京、山西、河北。此类市场游客认识差异较大，虽有大量游客对景区态度消极，但游客个体体验感受极好，可以根据游客普遍反映的不满意方面给予纠正，使处于临界情绪的游客转化为积极情感游客。

　　三级市场：高拥护度、低喜爱度。包括江西、山东、江苏。此类市场多数游客对景区基本满意，但某些游客个体体验欠佳，影响了景区的口碑。对此，应加强旅游体验效果宣传，查找导致个体体验不佳的内外因素，提高游客体验效果。

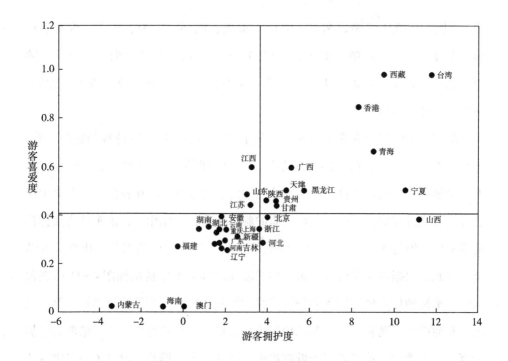

图 4-11　全国客源地分类

四级市场：低拥护度、低喜爱度。包括安徽、湖北、湖南、云南、上海、重庆、浙江、新疆、广东、四川、河南、福建、吉林、辽宁、海南、澳门、内蒙古。据前文分析，此类市场游客数量占景区总游客占比较高，但游客对景区评价和个人体验都不高，对景区贡献有限，因此在营销宣传方面维持一般性策略，不必要进行过多投入。

二、游客感知对象特征分析

关中汉唐帝陵游客微博文本共 45525 条，共得到分词 11087 个词汇。由于提取的词汇量过大，且多数词汇出现频次低，因此本章选取词频在 100 次以上的词汇进行整理分析，然后经过人工筛选，将不符合研究要求的词汇剔除，并对过滤后相似词合并，最终提取能够反映游客体验对象的动词、名词和形容词高频词共 464 个。由微博高频特征词分析可得，游客在旅中对关中汉唐帝陵旅游体验对象集中在以下三个方面：

一是遗产原真性。原真性是文化遗产的基本特征，是判断文化遗产意义的工具，而其自身通过对文化遗产源起及连续特征的信息可信性和真实性的考察进行全面评估。"武则天""汉阳陵""遗址""文物""石刻""壁画""当年""历史""当时""传说""记载""发掘""瓦当"等反映关中汉唐帝陵历史遗存与历史文化的词汇出现频率较高，说明游客在关中汉唐帝陵游览时对原真性的诉求显著，并且景区能够满足游客此种需求。

二是遗产稀缺性。稀缺性是文化遗产的根本价值和核心吸引力。"壮观""超级""宏大""气势""千年""盛世""震撼""唯一""第一"等词汇多次出现在游客微博文本中，显示出关中汉唐帝陵与其他文化遗产的差异性，表达了游客对关中汉唐帝陵稀缺性的体验。同时，特征词共现矩阵中出现的"中国""西安""咸阳""长安"等词汇，说明了这种稀缺性的影响范围。

三是遗产展示方式。"博物馆""导游""考古""参观""穿越""导航""讲解""考古""展览""研究"出现频率也较高。帝陵遗产拥有丰富的历史文化知识，需要恰当的方式加以展示。特征词共词矩阵中，"博物馆""参观""展览"与"失望"共现，"考古""研究""导航"分别与"高大上""有意思""方便"共现。说明游客在帝陵的现场体验很大程度受展示方式的影响，先进的展示方式更有助于游客了解帝陵文化，提升旅游体验水平。

第五节　小结

通过本章的分析研究，关中汉唐帝陵游客游中行为时空特征表现为：

（1）时间上，在旅游业快速发展的大背景下，关中汉唐帝陵游客接待逐年上升且不同类型的帝陵景区游客接待量差异较大。年内,第二、第三季度为旅游旺季,各汉陵接待季节趋势相近,而各唐陵波动较大。周内,游客接待量呈现显著的"周末效应",且与游前潜在游客搜索指数(移动、整体)呈正相关关系,说明随着出游时间的临近,潜在游客转化为现实游客的可能性增大。

(2)空间上,国内游客数量与其客源地距离呈"W"形分布,即随着距离的增加游客数量先减后增再减再增,短途与长途游客占比较大。从区域来看,西北地区全年游客接待量平稳,华南、东北地区略有波动,华北、华东、华中、西南地区存在明显季节性;各区域市场位置基本稳定。从省份来看,陕西、北京、江苏、上海、广东、甘肃游客占比较大,且接待量稳定。

关中汉唐帝陵游客游中感知特征表现为:

(1)关中汉唐帝陵游客游中感知总体水平为正面积极的,但游客拥护度和游客喜爱度的空间分布显示出游客体验地域差异较大,表现为经济发展水平越高、文化相似性越显著的地区,旅游体验越高;经济发展水平越低、文化差异性越大的地区,旅游体验越低;并在此基础上形成了四个等级游客市场。

(2)关中汉唐帝陵游客游中感知核心内容在于遗产地自身价值——遗产原真性和遗产稀缺性。原真性属于那些在物质上是原始或真实的、并随着时间老化和发生变化的遗产资源。游客将大量体验注意力置于关中汉唐帝陵景观构成以及保护状况,表达了他们对帝陵文化遗产的原真性诉求。带有赞誉色彩词汇的使用,既反映了游客在关中汉唐帝陵高旅游体验程度,同时也说明了游客在帝陵游览中对遗产稀缺性的感触。此外,遗产展示方式也是游客体验的体验重点。

第五章 游后的游客体验及评价分析

游后的游客体验是游客旅行结束、返回惯常居住地后对旅游记忆的一种整理过程。这一过程中既包括对旅行过程的复述，又包括结合个人感悟对旅游目的地的评价。结束后的游客体验，相比前两个阶段而言，更为完善、理性和客观。因为是在真实感受过旅游目的地之后，游后的游客体验会针对整个旅游行程进行总结，剔除旅游中瞬间感受，即时性降低了，而持久性提高了。经过游客理性思考之后，游客体验信息更全面，旅游体验储备增加，进一步转变为人生体验，最终实现自我升华。对于这一阶段的游客体验，本章使用两种渠道获取：一是游客的主动表达，游客在旅行后多选择游记的形式对旅游体验加以展示和分享。互联网通信技术的迅速发展，为游客分享旅游经历和抒发情感提供了虚拟平台。网络游记即旅游博客作为其中一种方式被广泛接受（Bosangit et al. ，2015）。二是游客满意度调查，该方法可以近距离接触受访者，观察他们旅游体验，接收其多方面信息；并按照研究者思路，引导游客回答相关问题，获得研究所需的游客体验感受。

第一节　基于网络游记的游客体验分析

网络游记，又被称为旅游博客，是旅游者实际前往旅游目的地之后记录下来的点滴，是旅游者分享旅游体验的一种方式（赵振斌、党娇，2011）。近年来，网络游记不仅逐渐成为获取旅游信息的一种重要来源，而且成为一种传递旅游信息的网络口碑，帮助并影响着旅游者的决策行为，但并不是每篇游记都会给游客带来同样的影响（程圩等，2016）。

游客通过网络游记形式，在几乎不受任何外力影响的情况下，利用开放的网络平台，真实记录了自己旅游的经历和感受，向他人展示旅游经历，强化个人旅游体验（吴艺娟、颜醒华，2016），充分尊重信息的原生态意义和原形态价值，从而使旅游真实性感受的丰富景观完整地浮现出来，属于一种后旅游体验行为。因此，网络游记具有个人化、真实性、共享性特征。

网络游记的特性，为现实游客提供了分享和交流的平台，也为潜在游客提供了旅游决策依据，并为旅游目的地经营管理提供了信息来源。近年来出现很多学者围绕网络游记开展了旅游行为分析、网络口碑、旅游目的地形象建构、旅游营销等方面的研究。陈静等（2013）认为在互联网时代下，网络游记的反映对象之多、影响人群之广，能够为目的地管理和营销提供帮助；但是，对旅游体验、旅游满意度等方面关注较少，需要进行改进。

本章选择我国比较知名的旅游门户网站——马蜂窝作为数据来源。马蜂窝旅行网是我国领先的基于旅游社交和旅游大数据自由行服务平台，通过 UGC 内容（用户创造内容）即足迹、点评、问答、行程、游记，记录和分享个人旅行经验和经历。

以"汉阳陵""茂陵""杜陵""昭陵""乾陵"为关键词进行检索，共有

550篇相关博文。为了保障数据的有效性，对这些网络游记进行筛选，筛选原则为能够比较全面地叙述整体游览经历的，而且能够对旅游地有明确的感知和评价的。首先，根据浏览量和追评量对550篇游记进行排序，去除具有重复内容的博文，其次，删除掉其中游客的旅游攻略、旅游景区的广告宣传以及大部分是图片的文章等无分析价值的文章，最终选择前79篇作为研究数据资料。最后，将全部有效游记存入一个TXT文档，便于后面的研究分析。

内容分析法通过对研究对象的文本内容进行深入客观分析，从其中得到研究对象的本质内容和有效信息（李娜、贺祖斌，2014）。任何文本，或者任何可以转换成为文本的传播内容，都可以进行内容分析（邱均平、邹菲，2004）。本章依然使用该方法对游客发布的网络游记进行分析，提取关中汉唐帝陵游客的游后体验特征。

一、体验程度高频特征词分析

表5-1汇总出关中汉唐帝陵游客体验程度在游客网络游记中的前30高频情感词中，积极意义的高频情感词有21个，占70%，消极意义的高频情感词有6个，占20%，中性词有3个，占10%。"很好""值得""满意"三个高频情感词表明旅游者对于关中汉唐帝陵的旅游活动比较满意，对关中汉唐帝陵旅游体验感知以积极情感为主，而由于部分旅游景区景点的旅游接待设施与服务达不到旅游者的满意，使旅游者在旅游感知中出现"遗憾""厌恶""失望"等消极感知。

表5-1　关中汉唐帝陵旅游体验程度高频词

次序	高频词	次序	高频词	次序	高频词
1	很好	5	可惜	9	遗憾
2	值得	6	激动	10	放弃
3	好吃	7	美味	11	安全
4	满意	8	可以	12	干净

次序	高频词	次序	高频词	次序	高频词
13	漂亮	19	厌恶	25	喜爱
14	有趣	20	向往	26	美好
15	兴奋	21	可爱	27	担心
16	放松	22	愉快	28	价值
17	开心	23	失望	29	同意
18	欣赏	24	文明	30	大气

二、体验对象高频特征词分析

千年女皇陵乾陵在距离西安西边 70 千米的乾县，是女皇武则天的陵墓，也是中国唯一的两个帝皇（唐高宗和武则天）合葬墓。我们在西安旅游特意去瞻仰一下，果然是风水宝地，气势雄伟。唐代的帝陵都建在山里，而乾陵所处的山叫做梁山，当你接近梁山时，远远看见苍茫烟云衬托着三座挺拔峻峭的山峰，呈北高南低之势，耸立于茫茫苍穹之下，远望就像一位新浴之后的少妇披着长发，头北足南，仰面躺在蓝天白云之下，据说这就是武则天的化身。乾陵是一座充满神奇色彩的皇陵，第一奇：61 尊无头王宾像，人像与真人一般大小，然而 61 尊石像的头全部不见了踪迹。那么，这些石人头像为什么被毁呢？1000 多年来始终是个未解之谜。第二奇：无字碑。墓前立有两块高大雄浑的石碑，西面是述圣记碑，由武则天撰文、唐中宗书写。东面是武则天的无字碑，碑由一块巨大的整石雕成，碑头雕有 8 条互相缠绕的螭首，饰以天云龙纹。根据乾陵建筑对称布局的特点，无字碑与述圣记碑显然是在高宗去世时由武则天同时主持竖立的，那么，这块无字碑自然是武则天预先为自己准备的"功德碑"。

关中汉唐帝陵网络游记共提取有关旅游体验对象高频词 127 个，表 5-2 为其中的前 30 个高频词。由高频特征词分析可得，游客对关中汉唐帝陵旅游体验对象集中在以下三个方面：

表 5-2　关中汉唐帝陵旅游体验对象高频特征词

排名	特征词	词性	排名	特征词	词性
1	博物馆	名词	16	参观	动词
2	武则天	名词	17	昭陵	名词
3	历史	名词	18	记载	动词
4	遗址	名词	19	文化	名词
5	建筑	名词	20	地宫	名词
6	唐玄宗	名词	21	保护	名词
7	石刻	名词	22	火车站	名词
8	文物	名词	23	导游	名词
9	时间	名词	24	中国	名词
10	西汉	名词	25	司机	名词
11	阳陵	名词	26	咸阳	名词
12	墓道	名词	27	艺术	名词
13	门票	名词	28	象征	动词
14	西安	名词	29	研究	动词
15	考古	动词	30	游览	动词

　　一是旅游资源。"昭陵""阳陵""博物馆""遗址""建筑""墓道""艺术""石刻""历史"等旅游资源名称出现的频率较高，说明游客前往关中汉唐帝陵旅游的主要目的和主要内容是体验帝陵景观及其所展示的历史文化，旅游动机较为单一，观光和获取知识是出行的主要目的。除几个代表性帝陵景区名称之外，"西安""咸阳""文化"是出现频率最高的名词，西安作为陕西省会，属于著名的陕西历史文化名城，名胜古迹诸多，能够吸引大量旅游者到陕西旅游。而陕西作为我国著名的历史文化名省，"文化"是陕西旅游的一大特色，是吸引旅游者到陕西旅游的一个重要的影响因素。

　　二是旅游服务。"导游""司机"出现频率也较高，说明旅游者在关中汉唐帝陵景区参观需要一定的专业旅游服务。讲解员或者导游的专业解说，如"阳陵""茂陵""乾陵"等景点，为游客在体验游览过程中提供了一定的历史文化知识。帝陵景区一般位于远离城市的偏远地区，专业的驾驶服务为游客提供了便捷的交通服务，满足游客"行"的体验。

三是旅游活动。陕西省是以历史文化著称的省份，人文类旅游资源丰富，因此，陕西省的旅游活动主要是以参观游览的方式进行。旅游活动的形式是游客在景区内的体验方式，从高频词提取结果可见，"考古""参观""研究""游览"等词汇出现频率较高，说明关中汉唐帝陵景区在体验层次上表现为娱乐体验和教育体验。游览体验方式通过被动的观察学习的方式，如"参观""建筑""陵园"，观赏"石刻""壁画"等使游客获得审美愉悦和满足；教育体验方式通过游客积极主动参与、拓宽视野，如"考古""研究"等获得历史文化和遗产知识。

三、体验对象语义网络结构分析

利用 ROST CM 软件的"社会网络与语义分析功能"，可以勾勒出游客在旅游结束后对关中汉唐帝陵遗产的关联记忆（见图 5-1、表 5-3）。高频关键

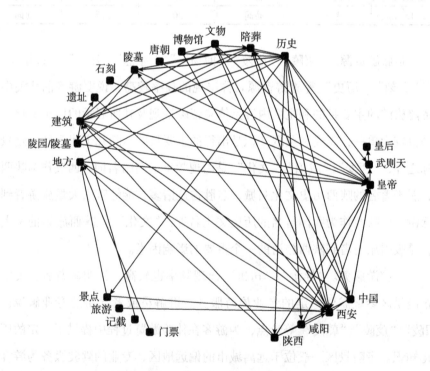

图 5-1 关中汉唐帝陵体验对象网络结构

词之间线条越多表明该高频词与越多的其他高频词关联。在关中汉唐帝陵遗产游客网络游记的语义网络中，与各高频词关联最多的依次是"皇帝""陵园/陵墓""历史""西安""建筑"，反映出游客对此次游览印象最为深刻的体验对象。

表5-3　高频词发出关联数和接收关联数

高频词	发出关联数	接收关联数	高频词	发出关联数	接收关联数
博物馆	1	1	陪葬	3	8
地方	2	5	陕西	5	2
皇帝	10	12	石刻	1	0
皇后	1	2	唐朝	1	0
记载	1	0	文物	4	7
建筑	9	4	西安	1	18
景点	2	1	咸阳	2	2
历史	15	0	遗址	1	2
陵园/陵墓	1	14	中国	8	1
旅游	1	0	武则天	0	2

　　语义网络同时也刻画了体验对象在游客旅游体验信息传递过程中的相互关系。表5-3汇总了主要高频词发出关联数和接收关联数，即由该高频词作为体验信息源头向外发出的关联数量，和有其他高频词发出、该高频词作为体验信息终点而接收的关联数量。可以看出，首先是"历史"一词是发出关联最多的高频词，说明游客到关中汉唐帝陵遗产地游览过后，"历史"是其体验对象中印象最深刻的，由历史可以回忆起关中汉唐帝陵遗产众多其他旅游体验对象，也证明了历史文化是关中汉唐帝陵遗产地作为旅游目的地最大吸引力。其次是"皇帝""建筑""中国""陕西"，说明游客将关中汉唐帝陵遗产作为中国、陕西、古建筑、皇家文化的形象要素之一，代表了所在领域的较高水平。"西安"是接收关联数最多的关联词，反映出游客在回忆关中汉唐帝陵遗产地

旅游活动时，将其视为西安旅游产品的一分子，各种旅游体验最终都会归集到对西安旅游的认识，因此成为游客在西安旅游整体感受的影响因素之一。最后是"陵园/陵墓""皇帝""陪葬""文物"，说明游客对关中汉唐帝陵遗产地核心旅游资源以及旅游吸引力的认知。

值得注意的是，"旅游""景区""门票"这些带有强烈旅游色彩的词汇在整个高频关键词集合中排名相对靠后，侧面反映出游客到关中汉唐帝陵遗产地主要体验的是接受历史文化教育，旅游休闲的诉求并不强烈。这也就要求在进行相关旅游产品开发时应突出遗产教育和传承，在满足游客求知欲的基础上实现游客多层次需要。

四、游客情感特征分析

利用 ROST CM6 软件对 79 篇关中汉唐帝陵网络游记进行情感分析。从情感极性来看，积极情感博文占比 88.61%，消极情感博文占比 11.39%，中性情感博文占比为 0，表明全体游客在完成行程之后能够清晰表达个人体验感受。这说明网络游记作为一种后旅游体验表现手段，在经过理性思考之后能够对整个旅游行程进行总结，剔除旅游中的瞬间感受，更全面地展示游客体验信息。同时也说明了关中汉唐帝陵游客体验满意度较高。

从情感极性强度来看，一般积极情感游客占比 6.33%，中度积极情感游客占比 7.59%，高度积极情感游客占比 74.68%；一般消极情感游客占比 7.59%，中度消极情感游客占比 1.27%，高度消极情感游客占比 1.27%。游客情感极性强度呈两极分化的态势：怀有积极情感的游客对关中汉唐帝陵景区提供的旅游体验非常满意，高度积极情感的游客占比较高；而怀有消极情感的游客则认为关中汉唐帝陵景区提供的旅游基本正态分布。越积极和越消极的游客数量越少，情感越中立的人数越多；表达非常满意或非常支持情感的游客所占比重高于表达非常不满意或非常反对情感的游客。

从网络游记得分情况来看，消极情感得分和积极情感得分均呈左偏态分布，即分布中低分少、高分多，游客体验的极致感受不强烈。消极情感平均得分 - 8.0743，标准差 7.6472，变异系数 0.9471；积极情感平均得分 10.7949，标准差 9.8532，变异系数 0.9128。这说明怀有积极情感的游客体验感受相近，大家对景区的认知一致；相较之下，怀有消极情感的游客体验差异显著。

第二节　基于调查问卷的游客满意度分析

问卷调查时间为 2023 年暑假及"十一"黄金周期间，包括样本景区实地调查及网上调查两部分，现场收回有效问卷 449 份，网上收回有效问卷 154 份，共 603 份。问卷分为游客个体人口统计学基本信息及旅游体验满意度两部分，旅游体验满意度问题基于第四章游客感知因素分析设置，包括总体满意问题 1 项及游客可以感知的 18 个分项。备选项分为 5 个等级，具体打分标准为：非常满意 9 分，满意 7 分，一般 5 分，不满意 3 分，非常不满意 1 分。本节借助 SPSS 22.0 软件，对影响乾陵游客体验的 18 个因素进行因子分析，从而归纳出关键因子。因子分析法是通过降维来使得数据缩减的一种直观的分析方法。它是通过内部关系进行的多变量研究，探讨测量数据的基本结构，并用几个变量抽象为代表的基本数据结构，这些抽象的变量被称为因素或者因子，能够清楚地反映原始变量之间的详细信息（朱建平、殷瑞飞，2009）。

一、被调查游客特征分析

（一）关中汉唐帝陵游客客源地特征

关中汉唐帝陵客源地分布特征游客惯常居住地与旅游目的地之间的差异性是引起旅游活动的原因之一。而且，地域差异及与旅游目的地距离使不同客源地游客对同一旅游目的地认知结果即体验产生相异性。根据关中汉唐帝陵客源地统计结果来看，关中汉唐帝陵游客基本集中于19个省份，其中以中部、东部地区省份居多，西部（尤其是西北）地区省份较少；历史文化背景相近的省份居多，民族文化差异较大的省份较少；随着距离缩短，游客分布呈"N"字形分布，省内游客居多。由于问卷调查时间的安排，游客时间行为调查受到限制，在此无法客观分析游客时间分布特征。

关中汉唐帝陵客源市场可分成四种类型：①基本市场，包括以陕西为中心及其邻近省份，以开发周边游为主；②核心市场，包括北京、河南、湖北、山东等具有相似历史发展背景的省份，应重点进行文化主题宣传营销；③关键市场，包括上海、江苏、广东等经济发达地区，结合客源地消费特点，设计高规格旅游产品，连片营销；④辅助市场，包括黑龙江、吉林、江西等中东部地区，以及云南等西部少数民族地区，重点以扩大知名度为营销目标。

（二）关中汉唐帝陵游客人口统计学特征

游客出游男女性别比为1.17∶1，男性游客比例略高于女性游客，原因在于：一是男性较女性有更多的可自由支配时间用于外出旅游（杜忠潮等，2006）；二是女性更倾向于旅游环境良好的休闲度假游，关中汉唐帝陵多因山为陵，旅游舒适度有限；三是关中汉唐帝陵厚重的历史文化信息对男性游客吸引力更大（见表5-4）。

表5-4　游客基本信息统计结果

基本信息	备选项及其所占比例					
性别	男	女				
	53.69%	46.31%				
年龄	18岁以下	19~29岁	30~39岁	40~49岁	50~59岁	60岁及以上
	2.19%	68.85%	15.30%	7.10%	4.37%	2.19%
受教育程度	初中及以下	大专	高中	本科	研究生及以上	
	2.19%	16.94%	14.75%	58.47%	7.65%	

续表

基本信息	备选项及其所占比例					
职业	机关干部或公务员	教师	离退休人员	普通职员	其他	企业中高层管理人员
	2.73%	6.56%	2.73%	9.84%	6.01%	6.01%
	私营业主	学生	专业技术人员	自由职业者		
	6.01%	43.72%	8.20%	7.65%		
收入水平	2000元以下	2001~4000元	4001~6000元	6000元以上		
	44.81%	30.60%	13.11%	11.48%		

年龄构成呈右偏分布，即关中汉唐帝陵的游客集中在39岁以下这个年龄段，占被访游客的86.34%，总体呈年轻化。其中，19~29岁阶段游客比例最大，该年龄段游客普遍精力充沛，求知、求异、求奇以及对书本知识验证的欲望强烈，并且暂无经济负担，消费欲望强烈。40岁以上的游客随着年龄增长比例下降。社会责任的增加、身体体能的衰减以及传统文化观念的多重影响使得该年龄段游客对关中汉唐帝陵兴趣不浓。

受教育程度反映了游客的文化背景差异。关中汉唐帝陵游客随着受教育程度的提高逐渐增多，受教育程度与游客出游意愿正相关。本科及以上学历游客占比66.12%，构成了旅游消费的主体。这表明关中汉唐帝陵独特的历史文化内涵对具有高学历的游客有着巨大吸引力，但过于单一的产品结构不能满足不同文化背景的旅游需求。游客的职业差异会导致其消费偏好及闲暇时间的不同，进而造成其旅游需求的不同。被访游客中学生、普通职员和教师人员所占比例较大，占全部游客的60.12%。此次调查时间正值学校规定假期期间，学生出游时间充裕；自由职业者出游时间不受限制。此外，自由职业者、专业技术人员所占比例较高，这部分游客文化素质相对较高，对历史文化兴趣较浓。关中汉唐帝陵更容易吸引社会地位较高、收入水平中上层次的游客。

收入水平决定着旅游者的可自由支配收入水平，而旅游者的可自由支配收入又决定着其旅游动机能否转化为旅游行为。被访游客的数量随收入水平提高呈金字塔结构，即收入水平越高人数越少，收入水平越低人数越高。这一结果与上文年龄及职业分析结果一致。一半以上的被访者为 19～29 岁年龄段，大多是没有收入的学生或初入职场的普通员工，收入普遍偏低。这也反映出关中汉唐帝陵主要面向的是中低端游客，游客消费能力较低。

二、游客满意度分析

（一）游客总体满意度分析

关中汉唐帝陵游客总体满意度呈左偏，不满意率为 10.93%，说明游客对此类景区整体较为满意（见图 5-2）。总体满意度平均得分为 5.96，介于一般和满意之间，显示出游客对帝陵心存向往，虽然对景区商品及门票价格不满（4.46），但是对景区整体状况基本认可。

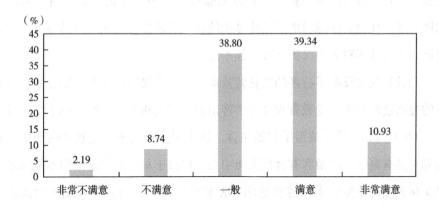

图 5-2　游客总体满意度汇总

其中，如图 5-3 所示，区内自然景观、景区门票销售及检票系统的总体满意度得分较高，说明游客对自然环境及景区服务比较满意。自古中国讲求"天人合一"，在陵墓选址理论中崇尚风水学，对自然环境要素要求极高，这就造就了关中汉唐帝陵良好的自然景观构成。作为陕西乃至我国重要旅游目的地，关中汉唐帝陵开发时间长，旅游服务较为完善，工作人员服务意识成熟。

满意度得分排名倒数后三位是景区商品及门票价格（4.46）、景区工作人员服务态度（5.37）、景区用餐情况（5.35）。如前文所述，关中汉唐帝陵开发时间长，但旅游产品的设计并未相应提升。实地调查过程中发现，景区基础设施与服务设施缺乏特色，帝陵文化没有很好地融入其中；旅游商品常年不变，无创新、创意，不能有效刺激游客的购物需求。停滞的景区开发使得游客的旅游需求没有得到满足，进而使游客觉得所付门票不能物有所值，最终对景区商品及门票价格持否定态度。

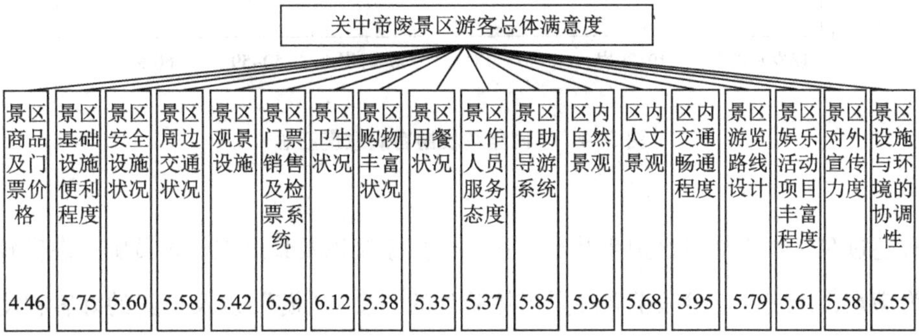

关中帝陵景区游客总体满意度																	
景区商品及门票价格	景区基础设施便利程度	景区安全设施状况	景区周边交通状况	景区观景设施	景区门票销售及检票系统	景区卫生状况	景区购物丰富状况	景区用餐状况	景区工作人员服务态度	景区自助导游系统	区内自然景观	区内人文景观	区内交通畅通程度	景区游览路线设计	景区娱乐活动项目丰富程度	景区对外宣传力度	景区设施与环境的协调性
4.46	5.75	5.60	5.58	5.42	6.59	6.12	5.38	5.35	5.37	5.85	5.96	5.68	5.95	5.79	5.61	5.58	5.55

图 5-3 关中汉唐帝陵游客满意度得分情况

（二）不同游客群体满意度分析

不同年龄阶段游客由于自身阅历及旅游经验的差异，对同一景区的态度也有不同。通过对不同年龄段游客就关中汉唐帝陵的满意度情况汇总并将问卷结果中满意、非常满意选项合并为满意程度。如图5-4所示，随着年龄增长，对关中汉唐帝陵报以满意态度的游客人数增多，仅30～39岁年龄段游客对景区不满意的比例最大。因此，在进行旅游产品开发设计时，应多考虑年龄较低的游客需要，吸引他们的注意力，增加产品活力。

1. 不同年龄段游客体验分析

不同年龄段游客对景区关注侧重点亦有不同。18岁及以下年龄段游客中

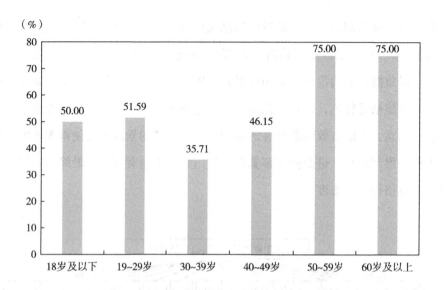

图 5-4　不同年龄段游客满意度汇总

有超过 50% 的人对景区卫生状况、区内自然景观以及景区工作人员服务态度较为满意，说明此年龄段游客在景区体验到的"食""游"以及员工的好客程度达到了他们的心理要求。19~29 岁年龄段游客中有 50% 在区内自然景观、景区基础设施便利程度以及区内人文景观的满意程度较高，说明该游客群体更关注景区游览的便捷程度以及景区自身原始风貌的展示。30~39 岁年龄段游客在旅游体验中比较挑剔，除了景区工作人员服务态度这项调查有 74.19% 的满意度，其他 17 项的满意度均低于 50%，说明该群体在旅游过程中对景区及其旅游产品要求较高，而且对旅游各要素都有很强关注。40~49 岁年龄段游客对景区基础设施便利程度、景区周边交通状况、景区观景设施、景区购物丰富状况等的满意度均超过 60%。50~59 岁和 60 岁及以上两个年龄段游客在调查过程中表现出极大的宽容度，50% 以上的被访者对大多数被调查项目都表达了满意态度；只是 60 岁及以上年龄段游客在景区商品及门票价格、景区观景设施、景区购物丰富状况几个项目的满意度为 0。究其原因，为其消费观念、消费习惯使然。

2. 不同受教育程度游客体验分析

不同受教育程度对人的知识背景、生活经验的构筑产生巨大影响，进而影响到旅游体验的表达。游客受教育程度与满意人数比例呈负相关关系（见图5-5），即随着受教育程度的提高，对关中汉唐帝陵满意的游客越少。进一步研究发现，研究生及以上学历水平的游客是"挑剔而严厉"的群体，对18个调查项目表示满意的人数均不超过此类游客总人数的40%。其中，他们最不满意的项目集中在景区门票销售及检票系统、景区自助导游系统、区内交通畅通程度、景区对外宣传力度。此类游客普遍认为相关项目试图通过信息化手段为游客提供更加便捷的服务，但智能化程度较低，不能满足他们对旅游信息接收与发布的需要。与之相反，此类游客对景区原有的景观报以相对较高的赞同感，30%的游客对区内人文景观与自然景观表示满意。与"挑剔而严厉"的研究生及以上学历水平游客群体相比，初中及以下受教育程度的游客对景区表现出极大的"包容性"，该受访的游客群对18个调查项目普遍表示满意，其中对景区游览线路设计、景区娱乐活动项目丰富程度、景区工作人员服务态度等项目的满意度最高；但与研究生及以上学历水平游客类似，他们对景区门票销

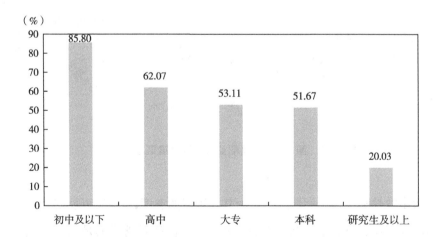

图5-5　不同受教育程度游客满意度汇总

售及检票系统、景区自助导游系统略有不满，多数人认为难以理解此类系统以致自己无法独立操作，缺乏人性化。这一结论说明关中汉唐帝陵信息化服务水平仍然较低，无法满足游客需求，应进一步改进加强，向智能化、简洁化发展。

3. 不同职业游客体验分析

职业在一定程度上反映了一个人的收入水平和文化积淀，继而影响了其在旅游过程中的体验效果。关中汉唐帝陵受访游客的职业集中在图 5-6 统计的 10 种职业中。这 10 类游客对关中汉唐帝陵都表示较为满意，其中，教师（38.46%）和私营业主（36.36%）不满意游客较多。

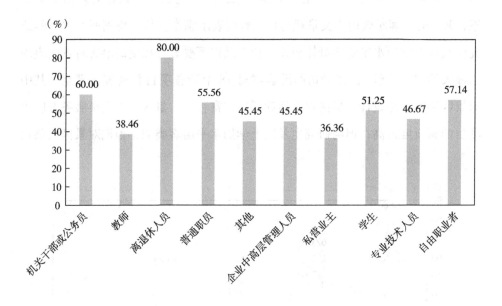

图 5-6　不同职业游客满意度汇总

大多数教师在多个问题上都表示其不满意的态度，这些问题包括游客在景区内的食、住、行、游、购、娱多个方面，他们相对满意的是景区卫生状况、区内自然景观、区内人文景观，即教师群体多认可关中帝陵本身的吸引力，而对景区旅游基础设施和旅游服务设施极不满意。私营业主则是对景区外在表现不满意，即景区对外宣传力度、景区设施与环境的协调性、景区自助导游系统，他们比较看重关中汉唐帝陵整体效果，而对旅游体验细节方面不甚追究。

（三）不同客源地游客体验分析

根据问卷调查结果，黑龙江、吉林、江苏、湖南、广东5个省份游客满意度低于5分，说明游客体验处于不满意或无感状态，为消极情感；其他14个省份游客高于5分，旅游体验处于满意状态，为积极情感。可以看出，关中汉唐帝陵对游客的吸引力随距离增加而减小，游客体验随着距离的增加而降低。

（四）不同帝陵游客满意度差异分析

为了更好地了解关中汉唐游客体验的水平，本书对汉阳陵、茂陵、杜陵、昭陵、乾陵游客问卷结果进行整理比较，发现，汉陵平均游客满意度（6.80分）高于唐陵（5.44分）。汉陵游客中有70%满意于景区发展现状，而唐陵游客中只有41.47%的游客感到满意。这说明游客对唐陵景区发展现状并不认可，认为应进一步改进。

汉陵开发较晚，"后发优势"为汉陵发展带来众多游客的拥护和支持，在18个子项调查中得分普遍较高，尤其是对各种旅游基础设施和旅游服务设施的满意度较高，但与环境的协调性略显不足。这一调查结果反映出汉陵在充分利用先进的旅游开发和文物保护理论的同时应弥补历史文化遗迹资源展示不足的缺陷，丰富旅游娱乐项目、深度开发旅游商品。唐陵游客的体验认可度低，但优势在于工作人员服务态度、就餐、自助导游系统。唐陵开发较早，旅游产品设计思想已落后于当前市场需求，从景区内游览线路布设、娱乐活动安排到购物丰富度都与汉陵、秦陵存在巨大差距，游客的整体旅游体验较低。

三、游客体验影响因素

对关中汉唐帝陵景区游客体验分析结果，揭示出问卷中18个调查子项对游客体验分布起着重要作用。在进行现场访谈过程中则发现游客体验满意程度又是各因素相互交织的结果。例如，游客对景区自然景观、购物环境的不满带来对门票价格的不满。因此，本章运用 SPSS 22.0 统计分析软件中的因子分析，提取 18 个调查子项的公因子，从而更好地甄别出影响关中帝陵景区游客体验的主要因素。

将问卷调查结果输入，并采用主成分分析法作为因子提取方法，得到 Bartlett＝481.303，p＝0.000，说明问卷调查结果形成的相关矩阵不是单位矩阵，可以进行因子分析。而且 KMO＝0.760，表明 18 个子项非常适合进行因子分析。通过计算机软件运算分析的输出结果（见表 5-5），有三个因子特征值≥1，满足主因子提取条件，它们对样本方差的累积贡献率达到了 64.590%，能够代表大部分信息，因此提取该前三个因子便能够对所分析的问题给出很好的解释。

表 5-5 特征值及方差贡献率结果

成分	初始特征值			提取平方和载荷			旋转平方和载荷		
	总计	方差百分比	累计百分比	总计	方差百分比	累计百分比	总计	方差百分比	累计百分比
1	8.469	47.051	47.051	8.469	47.051	47.051	4.238	23.545	23.545
2	1.688	9.379	56.430	1.688	9.379	56.430	3.721	20.673	44.218
3	1.469	8.161	64.590	1.469	8.161	64.590	3.667	20.373	64.590
4	1.199	6.663	71.254						
5	0.969	5.384	76.638						
6	0.726	4.032	80.670						
7	0.577	3.204	83.874						
8	0.556	3.090	86.965						
9	0.470	2.614	89.578						
10	0.422	2.346	91.924						
11	0.339	1.886	93.810						
12	0.280	1.554	95.365						
13	0.246	1.364	96.729						
14	0.204	1.133	97.862						

成分	初始特征值			提取平方和载荷			旋转平方和载荷		
	总计	方差百分比	累计百分比	总计	方差百分比	累计百分比	总计	方差百分比	累计百分比
15	0.168	0.932	98.795						
16	0.091	0.503	99.298						
17	0.073	0.408	99.706						
18	0.053	0.294	100.000						

根据初始因子载荷矩阵旋转后因子载荷矩阵结果，可将影响关中帝陵景区游客体验的 18 个子项分为三个主因子：第一主因子在景区游览路线设计、景区购物丰富状况、景区对外宣传力度、景区周边交通状况、区内交通畅通程度、景区自助导游系统、景区设施与环境的协调性等方面具有很大载荷，反映了关中汉唐帝陵自身旅游便利程度，可将其定义为旅游便利因素。第二主因子在景区工作人员服务态度、区内自然景观、景区安全设施状况、景区卫生状况、景区门票销售及检票系统、景区商品及门票价格、区内人文景观等方面载荷较大，反映了关中汉唐帝陵游客体验感知状况，可定义为旅游体验因素。第三主因子在景区基础设施便利程度、景区娱乐活动项目丰富程度、景区观景设施、景区用餐状况有一定载荷，反映了关中汉唐帝陵满足游客基本需求的服务体系的完善程度，可定义为旅游基础服务因素。

旅游便利因素各因子平均满意度为 5.6796，旅游体验因素各因子平均满意度为 5.7711，旅游基础服务因素各因子平均满意度为 5.5906，旅游体验因素各因子平均满意度水平较高。

表 5-6 是计算分析输出的主因子得分系数矩阵，建立计算各主因子得分的线性函数，并分别计算出 5 个帝陵景区游客体验的主因子得分，依次为汉阳陵（3.055）、乾陵（2.434）、杜陵（1.839）、茂陵（0.389）、昭陵（-0.074）。汉陵综合得分最高较唐陵高出 49.27%，说明汉陵游客体验水平较高。其中三个主因子得分排名（旅游便利因素、旅游体验因素、旅游基础服务因素）与

综合得分排名一致，即影响汉陵游客体验的三个主因子得分都最高，而唐陵的得分均为最低。

表5-6　因子载荷矩阵结果

景区状况	初始因子			旋转后因子		
	1	2	3	1	2	3
景区卫生状况	0.404	0.297	-0.137	0.241	0.460	0.002
景区对外宣传力度	0.709	-0.292	-0.268	0.734	0.128	0.324
景区娱乐活动项目丰富程度	0.656	-0.390	0.209	0.405	0.047	0.677
景区游览路线设计	0.662	-0.403	-0.341	0.795	0.005	0.291
区内交通畅通程度	0.847	-0.224	-0.058	0.650	0.273	0.522
景区观景设施	0.666	-0.415	0.395	0.292	0.044	0.828
景区门票销售及检票系统	0.758	0.207	0.294	0.196	0.606	0.545
景区安全设施状况	0.721	0.145	0.120	0.317	0.524	0.426
景区设施与环境的协调性	0.614	0.011	-0.247	0.552	0.330	0.159
景区用餐状况	0.651	-0.247	0.543	0.120	0.184	0.856
区内人文景观	0.534	0.260	0.393	-0.031	0.534	0.470
景区周边交通状况	0.631	-0.181	-0.350	0.702	0.173	0.175
景区购物丰富状况	0.686	0.051	-0.499	0.757	0.387	0.001
区内自然景观	0.692	0.551	-0.142	0.334	0.830	0.052
景区自助导游系统	0.750	0.094	-0.176	0.557	0.478	0.251
景区基础设施便利程度	0.810	-0.015	0.114	0.433	0.438	0.538
景区工作人员服务态度	0.844	0.122	0.050	0.450	0.567	0.454
景区商品及门票价格	0.562	0.650	0.102	0.048	0.857	0.114

第三节　小结

本章通过对网络游记分析和问卷调查统计，得出游后游客体验特征：关中汉唐帝陵游客对旅游资源、旅游服务、旅游活动等旅游体验对象记忆更为深刻。网络游记的高频词中大量出现的旅游资源词汇、旅游服务词汇、旅游活动词汇反映了这一结论，语义分析结果揭示了在游客心目中，关中汉唐帝陵遗产地的核心旅游吸引力和主要功能。而问卷调查统计结果中旅游体验因素主因子得分最高也印证了该结果。这说明游客对关中汉唐帝陵遗产地旅游资源赋存情况体验度高，而对帝陵遗产构成以外的因素体验度低。

关中汉唐帝陵游客体验以正面评价为主。网络游记情感分析结果显示游客在结束游览后普遍对关中汉唐帝陵报以积极情感。积极情感中高度极性游客占比最大，消极情感中一般消极情感游客占比最大，说明游客满意度较高。问卷调查结果中总体满意度平均得分为 5.962，满意态度游客超过半数，其中旅游体验因素得分最高，并且，汉陵满意度较唐陵高。

综观游客整个旅游活动，不同阶段的旅游体验诉求既具有相同点，又存在差异性。相同点是关中汉唐帝陵的原真性是游客前往帝陵旅游的根本动力，表现在信息搜索时对帝陵主人真实情况、景区旅游资源构成情况、帝陵保护状况的关注，游中对帝陵景观构成、文化资源、保护现状的感触，游后对帝陵资源的回忆和评价。不同之处在于，前期的信息搜索注重操作性，对攻略、线路、可达性的搜索频率较高，游中是对遗产稀缺性的体会和旅游展示方式的体验，游后则是对整个行程中印象最为深刻的对象的整理，强调旅游体验的整体性，应理性甄别不同旅游体验对象对整体效果的影响程度。

由此可以看出，作为旅游目的地，关中汉唐帝陵得到游客的普遍认同，旅游体验感知度高，其核心竞争力应为文化景观的完整性和历史信息的丰富性，而符合体验需求的展示方式和解说系统是提高游客旅游体验的重要措施。

第六章　基于游客体验的旅游价值评价与营销策略

第一节　基于游客体验的旅游价值评价

一、关中汉唐帝陵旅游资源构成

在封建社会，帝陵营建是帝王欲望、社会政治的重要体现，得到历朝历代帝王的追捧。帝陵分布之广、数量之多、规模之大、规制之繁令人叫绝。历代帝王不惜巨金，大兴土木，将陵寝地上、地下建造成规模宏大、精美豪华的建筑艺术品，这些陵寝是中国封建时代对灵魂信仰的集中体现，凝聚着一个时期的政治思想、道德观念和审美趣味，也反映了当时的经济状况、科学技术水平和营造工艺水平，是中国丧葬文化的最高表现形式、中国传统建筑的精华和典范。同宫殿一样，古代陵寝建筑也是重要的政治性建筑，具有鲜明的等级性。陵寝的方方面面都印上了等级制的痕迹。社会等级不同，死后使用葬具的规格差别很大，充分显示了帝王的威严与权势。

本章根据国家质量监督检验检疫总局 2017 年颁布并实施的《旅游资源分类、调查与评价》（GB/T 18972-2017）中关于旅游资源 8 个主类、31 个亚类、155 个基本类型的分类体系，在资料收集的基础上，结合我国帝陵文化特征、关中帝陵的自身优势及其地域特色，对关中帝陵的旅游资源构成进行剖析。

（一）关中汉唐帝陵空间分布特征

1. 关中西汉帝陵分布特征

西汉帝陵位于陕西省咸阳市、西安市境内，共有 11 座：汉太祖（高祖）高皇帝刘邦长陵、汉孝惠皇帝刘盈安陵、汉太宗孝文皇帝刘恒霸陵、汉孝景皇帝刘启阳陵、汉世宗孝武皇帝刘彻茂陵、汉孝昭皇帝刘弗陵平陵、汉中宗孝宣皇帝刘询杜陵、汉高宗（后除庙号）孝元皇帝刘奭渭陵、汉统宗（后除庙号）孝成皇帝刘骜延陵、汉孝哀皇帝刘欣义陵、汉元宗（后除庙号）孝平皇帝刘衎康陵。

黄石公《青囊经》云："天之所临，地之所盛。形止气蓄，万物化生，气感而应，鬼福及人。"西汉帝陵位于 108°35′至 109°07′E，34°10′至 34°27′N，海拔为 400~500 米，坡度<5°，地势开阔，为关中地区较为高亢之地。地势高敞开阔，南邻渭水，北傍泾河，二水环绕，气势恢宏。此外，咸阳原有很厚的黄土堆积层，渭河两岸阶地地貌以海拔 460~850 米的阶梯状黄土台原为主，约占关中平原总面积的 2/5，各级台原上部均覆盖有厚数十米到一百余米的黄土堆积，有利于"聚气"。

从帝陵排列上看，西汉帝陵尊崇西周昭穆制度。汉高祖刘邦位于昭位，根据父为昭，子就为穆，孙复为昭。那么，惠帝为高祖嫡长子，应居于穆位；文帝为高祖第五子，也是居于穆位；景帝为文帝第四子，居于昭位；武帝为景帝第九子，居于穆位；昭帝为武帝幼子，居于昭位；宣帝为武帝曾孙，居于昭位；元帝为宣帝长子，居于穆位；成帝为元帝长子，居于昭位；哀帝为元帝庶孙，居于穆位；平帝为元帝庶孙，居于穆位。根据昭穆制度"穆西昭东"的说法，以长陵为祖位，安陵、霸陵、茂陵、渭陵、义陵、康陵应位于长陵西侧，阳陵、平陵、杜陵和延陵应位于长陵东侧。由图6-1可知，居于长陵西侧的有茂陵、平陵、延陵、渭陵、康陵、义陵、安陵，居于长陵东侧的有阳陵、杜陵、霸陵。但由于地势限制及帝王个人思想的影响，略有出入。

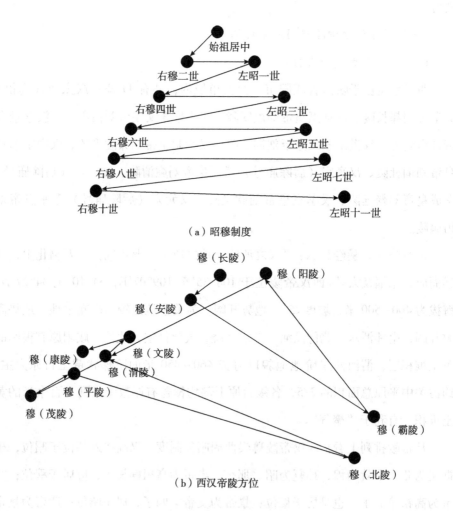

（a）昭穆制度

（b）西汉帝陵方位

图6-1　西汉帝陵昭穆制度示意

2. 关中唐代帝陵分布特征

唐代（公元618年至907年）历时290年，共21帝20陵（唐高宗李治与女皇武则天合葬乾陵），除唐昭宗李晔和陵和唐哀帝李柷温陵分别在河南渑池和山东菏泽外，其余18座陵墓集中分布在陕西乾县、礼泉、泾阳、三原、富平、蒲城6县，东西绵延100余千米，如表6-1所示。

表6-1　唐十八陵一览

陵名	地点	帝王
献陵	陕西三原	唐高祖李渊
昭陵	陕西礼泉	唐太宗李世民
乾陵	陕西乾县	唐高宗李治
		武则天
定陵	陕西富平	唐中宗李显
桥陵	陕西蒲城	唐睿宗李旦
泰陵	陕西蒲城	唐玄宗李隆基
建陵	陕西礼泉	唐肃宗李亨
元陵	陕西富平	唐代宗李豫
崇陵	陕西泾阳	唐德宗李适
丰陵	陕西富平	唐顺宗李诵
景陵	陕西蒲城	唐宪宗李纯
光陵	陕西蒲城	唐穆宗李恒
庄陵	陕西三原	唐敬宗李湛
章陵	陕西富平	唐文宗李昂
端陵	陕西三原	唐武宗李炎
贞陵	陕西泾阳	唐宣宗李忱
简陵	陕西富平	唐懿宗李漼
靖陵	陕西乾县	唐僖宗李儇

关中唐陵分布在 108°12′至 109°40′E，34°34′至 35°03′N 广大区域内，占地 3000 平方千米，海拔 600~900 米（除唐庄陵、唐端陵、唐献陵），坡度在 11°~20°，是渭河谷地与黄土高原过渡地带，丘陵分布较多。帝陵背侧依靠连绵的北山，与陕北黄土高原相隔，南望广阔的关中平原，远眺巍巍秦岭，地势北高南低，与都城长安隔水相望，构建了靠山面水的有利的风水景观。

相对于汉代唐代帝陵选址多在高敞之处，以示身份地位高贵，又可避免水患；陵前陵后有水环绕，既形成一道天然屏障，实现帝陵与自然环境的"天人合一"理念，又以其曲折蜿蜒动态之美形成绚丽的风景线；注重陵寝两侧的山形，陵前以宽阔的空地为宜构造出半封闭的山水环境，象征朝堂辽阔。

以乾陵为例见（见图 6-2），梁山主峰，山势崔巍，地势险峻，为东西交通之咽喉。登上梁山顶峰，东望九嵕山，山势突兀、孤耸回绝，南望太白、终南，北望五峰山，遥相辉映，西接翠屏山，层峦叠嶂。泔河环其东，漠水绕其西，整个山麓林木葱茏，古柏参天，环境雅致肃穆。乾陵充分利用了山势和地形等自然条件，并对部分景观进行调整，使得该区域空间格局更加规整。

唐十八陵分布在关中平原北部，横亘在黄土高原南侧的北山山脉中，东西一字排开，形成一个庞大的皇陵群。北山为吕梁山脉的支脉，自东北向西南横卧在关中平原北部，地势自东向西逐渐降低。而"玄武垂头，朱雀翔舞"，则前有骊山、华山、终南山、首阳山，由低到高的阶梯直入秦岭山脉，北方有广阔的黄土高原为依托，未必"垂头"和"翔舞"。

（二）关中汉唐帝陵旅游资源结构特征

在风水学、传统自然观、帝王思想以及社会发展进程的影响下，关中汉唐帝陵旅游资源呈现丰富多样的特征，本章对其进行梳理和归类，形成如表 6-2 所示的关中汉唐帝陵旅游资源分类表。

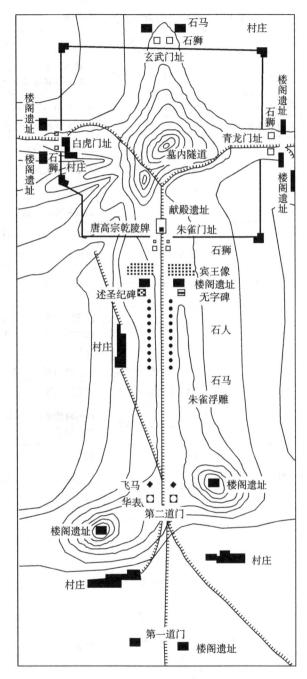

图6-2　乾陵空间示意

资料来源：笔者根据资料绘制。

表 6-2　关中汉唐帝陵旅游资源分类

主类	亚类	基本类型	景观名称
A 地文景观	AA 综合自然旅游地	AAA 山岳型旅游地	九嵕山（唐昭陵）、梁山（唐乾陵）、凤凰山（唐定陵）等
	AB 沉积与构造	ABD 地层剖面	建陵神道（唐建陵）
	AC 地质地貌过程形迹	ACG 峡谷段落	泾河大峡谷（唐昭陵）
B 水域风光	BA 河段	BAA 观光游憩河段	泾河（汉阳陵）
		BAC 古河道段落	漠水（唐乾陵）
C 生物景观	CA 林木	CAA 林地	银杏林（汉阳陵）
		CAB 丛树	石榴种植区（唐建陵）
	CC 花卉地	CCA 草场花卉地	西部芳香园（汉安陵）
		CCB 林间花卉地	万亩牡丹园（唐乾陵）
E 遗址遗迹	EB 社会经济文化活动遗址遗迹	EBF 废城与聚落遗迹	汉阳陵陵邑遗址
F 建筑与设施	FA 综合人文旅游地	FAA 科学科研实验场所	汉阳陵博物馆与陕西师范大学历史文化学院共建文物与博物馆专业硕士实习基地
		FAD 园林游憩区域	汉阳陵国家考古遗址公园
		FAK 景物观赏点	唐乾陵阙楼
	FB 单体活动场馆	FBC 展示演示场馆	唐昭陵博物馆、汉阳陵博物馆、汉茂陵博物馆
	FC 景观建筑与附属型建筑	FCH 碑碣	唐昭陵碑林、唐景陵碑林
		FCK 建筑小品	桥陵石刻、乾陵石刻、建陵石刻、汉代画像砖
	FD 居住地与社区	FDA 传统与乡土建筑	袁家村传统民居
		FDB 特色街巷	马嵬驿、茯茶小镇
	FE 归葬地	FEA 陵区陵园	唐乾陵、唐桥陵、汉阳陵、五陵塬
	FG 水工建筑	FGA 水库观光尤其区段	醴泉湖景区（靖陵）
G 旅游商品	GA 地方旅游商品	GAA 菜品饮食	乾州四宝、礼泉烙面、渭南时辰包子
		GAC 农林畜产品及制品	苹果、花椒
		GAE 传统手工产品与工艺品	刺绣、草编、剪纸、皮影、布艺

续表

主类	亚类	基本类型	景观名称
H 人文活动	HA 人事记录	HAA 人物	历代帝王及大臣
		HAB 事件	长孙皇后薄葬之说、帝陵被盗历史事件
	HC 民间习俗	HCA 地方风俗与民间礼仪	关中婚俗、生产习俗
		HCB 民间节庆	七夕节俗、社火
		HCG 饮食风俗	以面食、素食为主
	HD 现代节庆	HDA 旅游节	咸阳踏青赏花旅游节（唐昭陵）、张裕瑞那城堡葡萄采摘暨酒文化旅游节（汉义陵）、咸阳大唐牡丹文化旅游节（唐乾陵）
		HDB 文化节	第十一届中国艺术节咸阳分会场

由表6-2可知，关中汉唐帝陵拥有7个主类、17个亚类、30个基本类型的旅游资源，旅游资源类型多样、数量丰富。关中汉唐帝陵旅游资源主要以地文景观、生物景观、建筑与设施、人文活动四大类为主，占主类的60%、亚类的54.84%、基本类型的18.70%。其中，地文景观、建筑与设施、人文活动主类旅游资源占到亚类总量的75%、85.71%、75%，同时资源类型分别占到基本类型的8.1%、22.22%、43.75%。这些特色鲜明的人文与自然景观，与周边文化及民俗相互呼应，造就了资源的多样性，既有历史文化与民俗风情的和谐统一，又有山岳风光与人文艺术的相映生辉。

二、旅游价值评价体系及应用

（一）关中汉唐帝陵旅游价值评价体系

Amit-Cohen（2008）指出文化景观与文化遗产地正逐渐成为一种地域文化象征。它们不仅反映了当地的风俗习惯、社会活动及意识形态，更代表了居民向内外部群体传递的足以标识群体特性的价值观和信息。对于有争议的景观和地方精神，要通过分析它的形成和个体结构来诠释它的价值。Cahn（2011）以西班牙部分文化线路及遗产地为例，分析了场所精神特质的影响因素，认为文化遗产记录了人们的交易行为，这些交换行为辐射到居民从基本的物质文化需求到特殊的活动功能，保留了历史的原真性，反映出人与自然永续的交互关系和景观多样化，并指出文化遗产价值评估应为全部价值的评估已确认其可靠性和完整性。《世界文化遗产地管理指南》指出遗产地应具备的文化价值和当代社会经济价值。文化价值包括认同价值、相关艺术或技术价值、稀有价值。其中，认同价值涉及社会与特定物体或遗址的情感关系，由情感认知组成，对遗产保护、保存和修复具有重要的影响；相关艺术或技术价值包括遗产设计的重要性、遗产技术结构和功能理念及工艺的意义，目的在于展示资源所处时代、其他时期和当今时代的相互意义；稀有价值将遗产与其他同样类型、风格、建造者、时期、地区或这些方面结合的建筑物联系起来，确定了资源的稀有性、代表性或独特性。当代社会经济价值包括经济价值、功能价值、教育价值、社会价值、政治价值。其中，经济价值是由遗产及其保护行动生成的价值；功能价值涉及遗产原始功能类型的延续性或兼容性，即遗产的可用性；教育价值包括遗产发展文化旅游的潜力和历史资源融入现代生活过程中对文化历史认知的提升能力；社会价值涉及在社区中与当代社会的互动，并在建立社会和文化认同感中发挥着作用；政治价值是指与所在国家或地区政治目标相一致，符合国家或地区发展需要。

由此可以看出，文化遗产旅游价值是文化遗产的核心价值，它既是文化遗产文化价值的载体，又是经济价值的来源。对文化遗产旅游价值的评价是确认文化遗产吸引力、展示地域文化优势以及明确开发利用条件的基础。

当前对文化遗产旅游价值评价方法有以下几种：

一是"三三六"评价法。该评价方法通过评价文化遗产的三大价值、三大效益、六大开发条件来确定文化遗产的旅游价值。三大价值包括文化遗产的历史文化价值、艺术观赏价值、科学考察价值；三大效益包括文化遗产带来的经济效益、社会效益、环境效益；六大开发条件指文化遗产所在的地理和交通条件、景象地域组合条件、旅游环境容量、旅游客源市场、投资能力、施工难易程度。

二是《旅游资源分类、调查与评价》。国家质量监督检验检疫总局国家标准《旅游资源分类、调查与评价》（GB/T 18972—2017）提出从旅游资源要素价值、资源影响力和附加值三个方面对旅游资源进行评价。资源要素价值包括观赏休憩使用价值、历史科学文化艺术价值、珍稀或奇特程度、规模丰度与概率；资源影响力包括知名度和影响力、适游期或适用范围；附加值是对环境保护与环境安全的评价。

三是"六字七标准"评价法。该评价方法从文化资源本体和资源所处环境加以考虑：文化遗产本体的评价标准为美、古、名、特、奇、用，文化遗产所处环境标准有季节性、污染状况、联系性、可进入性、基础结构、社会经济环境、市场。

四是"遗产价值+区位条件"评价法。遗产价值包括历史价值、社会文化价值、科学技术价值、艺术审美价值，区位条件包括市场区位、交通便捷性、遗产地生态环境质量、与其他旅游资源互补性等。

五是条件价值评估法（Contingent Valuation Method，CVM）。该评价方法利用效用最优原理，在缺乏实际市场和替代市场交换商品的情况下，以人们对文化遗产体验的支付意愿及净支付意愿值来表达相应旅游产品的经济价值，反映了消费者对该产品的偏好。

六是旅行费用法。以消费者剩余理论为基础，用游客到达旅游目的地的全部花费来衡量文化遗产价值，其基本原理是根据游客的旅行成本及旅游次数来确定旅游需求函数，在此基础上换算出文化遗产的货币价值。

七是因子定量评价法。针对某一特定旅游活动的文化遗产的技术性评价方法和综合考虑多因素综合评级方法，该方法将文化遗产的要素及功能加以分解，突出文化遗产的功能性价值。

关中汉唐帝陵作为文化遗产，见证了人类社会和居住地在自然环境、社会、经济、文化因素影响下随着时间的推移而产生的进化，也展示了社会、经济和文化外部和内部的发展力量，包含了人类与其所在的自然环境之间互动的多种表现。因此，其旅游价值表现极为丰富，传统的旅游价值评价体系及方法主要强调了文化遗产的经济价值和功能价值，对文化遗产自身价值以及与所在环境，尤其是与旅游者体验感受的关系反映不到位。当前，我国旅游进入全域旅游时代，除了旅游资源本身具有吸引力、实现旅游功能，旅游资源所在地的一切都可以作为旅游吸引物，是旅游产业的全景化、全覆盖，是资源优化、空间有限、产品丰富、产业发达的科学的系统旅游（鄢光哲，2015）。在这一精神的指导下，本章尝试对关中汉唐帝陵旅游价值评价提出新的评价体系。

该评价体系基于原真性理论基点，根据关中帝陵自身特征及其与所在地关系，借鉴了《中国文化遗产事业发展报告（2015~2016）》中关于"文化遗产对城市贡献的指标"，采用定性和定量相结合的方法来制定该评价体系，包括帝陵价值、帝陵辐射范围、全域旅游相关要素的组合程度以及保护程度四项，旅游价值总分值为100分（见表6-3）。

表6-3 关中汉唐帝陵旅游价值评价体系

评价项目	档次	赋分（分）
帝陵价值	价值高（国家级）且面积大（超过10公顷）	30
	价值较高（省级）和面积较大	20
	具有地区意义，规模较小	10
帝陵辐射范围	城市中心区	30
	郊区	20
	远郊或农村	10
全域旅游相关要素的组合程度	至少具备3个评价条件	30
	具备2~3个评价条件	20
	具备1个或不具备评价条件	10

评价项目	档次	赋分（分）
保护程度	形态与结构基本保持完整	10
	形态与结构有少量变化	5
	形态与结构有重大变化	0

　　帝陵价值表现了帝陵的文化价值、观赏价值，由其影响范围（国家级、省级、地区）及其空间范围大小来决定。帝陵影响级别越高，越能吸引更多游客前往参观，刺激当地经济社会发展；帝陵空间范围越大，其拥有的生态环境、基础设施、旅游吸引物等要素越丰富，产生的旅游功能越大。

　　帝陵辐射范围包括帝陵所处位置、周边人口密度和交通可达性，直接决定了帝陵对所在地区旅游业的带动方式、带动范围及带动程度。位于人口密度较大且人口流动性较强的帝陵，交通设施便利、可达性高，方便游客以较低的时间、精力、金钱成本完成旅行，旅游价值随之升高；位于远郊地区、荒野地区的帝陵，周边人口密度较低，难以形成旅游吸引力，旅游价值低。

　　全域旅游相关要素的组合程度是从利用角度看帝陵所在地区各类设施、其他产业类型、帝陵开放条件等在同一空间内的组合程度，包括交通设施（临近交通干线、公交等交通枢纽）、其他服务设施（周边餐饮、住宿、娱乐设施较多）、优势产业（周边从事的、可以被旅游业利用的产业）、周边学校的集聚度（周边至少有一所学校）、文物种类（拥有超过两种的帝陵资源）、帝陵管理方式（由政府统一管理）、品牌打造情况（拥有两项以上品牌文化活动）等评价条件。

　　保护程度是对遗产原真性关注的进一步强调，原真性不仅是遗产旅游价值的重要组成部分，而且是遗产存在的根本意义。遗产保护程度的高低直接影响了遗产表达历史、见证历史的能力，其形态与结构保持越完整，原真性意义就越鲜明。

　　其中，帝陵价值、帝陵辐射范围、全域旅游相关要素的组合程度关系到关中汉唐帝陵旅游功能的发挥，在分值上有所侧重，各占30%，每个评价项目分为三个等级，从高到低赋分30分、20分、10分；保护程度占10%，亦分为三个等级，从高到低赋分10分、5分、0分。然后，根据各评价项目得分情况汇总出各个帝陵旅游价值得分。依据得分情况，将其分为三级，从高级到低级为：高旅游价值，得分范围≥90分；中旅游价值，得分范围60~90分；低旅游价值，得分范围≤60分。

以上四个评价项目体现了关中汉唐帝陵在全域旅游理念下的旅游价值呈现，按照这四个评价项目可以对各个帝陵旅游价值进行分类，明确其发展方向。本章分别选择汉阳陵和唐乾陵为例进行评价。

（二）关中汉唐帝陵旅游价值评价体系应用

汉阳陵，又称阳陵，是汉景帝刘启及其皇后王氏同茔异穴的合葬陵园，位于今陕西省咸阳市渭城区正阳镇张家湾、后沟村北的咸阳原上，地跨咸阳市渭城区、泾阳县、高陵区三县区。始建于汉景帝前元四年（公元前153年），至汉武帝元朔三年（公元前126年）竣工，陵园占地面积20平方千米，修建时间长达28年。1963年4月被公布为第一批陕西省重点文物保护单位，2001年6月25日被国务院公布为全国重点文物保护单位。现已建成汉阳陵博物馆，是一座巧妙融合现代科技与古代文明、历史文化与园林景观于一体的大型文化旅游景区，是中国占地面积最大的博物馆，是国家AAAA级旅游景区①。

汉阳陵紧邻西安咸阳国际机场专线，临近G65高速公路，并配套了两条旅游专用公交线路，距离西安市中心25千米，咸阳市中心30千米，1小时内可到达市中心，2小时可到达西安、咸阳各大知名景点，旅游可达性较强。

现已探明，汉阳陵主要由帝陵陵园、后陵陵园、南区从葬坑、北区从葬坑、礼制建筑、陪葬墓园、刑徒墓地以及阳陵邑等部分组成。帝陵坐西向东，被81条呈放射状的陪葬坑簇拥着，其四周则分布着后陵、南区从葬坑、北区从葬坑及礼制建筑遗址等；宽110米的司马道向东直通5千米之外的阳陵邑，

---

① 参见汉阳陵博物馆官网，网址：www.hylae.com。

司马道南北两侧整齐排列着王侯将相和文武百官的陪葬墓 10000 余座，一如当年天子临朝时大臣位列两班的威仪。陵区内 200 多座陪葬坑中出土的武士俑披坚执锐、严阵以待，仕女俑宽衣博带、美目流盼，动物俑累千成万、生动异常。① 汉阳陵真实体现了中国封建帝王"事死如事生"的丧葬观念，是迄今发现的保存最为完整的汉代帝陵陵园，遗产原真性得到有效保证。

综合各评价项目，最终汉阳陵旅游价值得分为 90 分，属于高旅游价值的遗产，其全域旅游开发潜力巨大，在带动区域社会经济文化发展有着重要作用（见表 6-4）。

表 6-4　汉阳陵旅游价值评价

评价项目	档次	赋分（分）
帝陵价值	国家一级博物馆、国家考古遗址公园、全国科普教育基地、国家重点文物保护单位、国家 AAAA 级旅游景区； 占地面积 20 平方千米	30
帝陵辐射范围	郊区	20
全域旅游相关要素的组合程度	临近交通干线省道 S105 和高速 G65、省道、西安咸阳国际机场； 五陵塬都市农业长廊； 分布有汉阳陵陶艺馆、茯茶小镇； 有一所小学； 公立博物馆并实行有偿开放； 拥有汉茶系列文创产品、月季节等品牌	30
保护程度	形态与结构基本保持完整，墓葬建筑组成部分完备	10

唐乾陵位于陕西省咸阳市乾县县城北部 6 千米的梁山上，为唐高宗李治与武则天的合葬墓。乾陵建成于唐光宅元年（684 年），神龙二年（706 年）加盖，采用"因山为陵"的建造方式，陵区仿京师长安城建制。除主墓外，乾陵还有 17 个小型陪葬墓，葬有其他皇室成员与功臣。乾陵是唐十八陵中主墓保存最好的一个，也是唐陵中唯一没有被盗的陵墓。1961 年 3 月 4 日，乾

---

① 独具特色的大遗址——汉景帝阳陵 [EB/OL]. [2018-04-18]. http：//www. hylae. com/index. php？ ac＝article&at＝2ead&did＝295.

陵被国务院公布为第一批全国重点文物保护单位。从乾陵头道门踏上石阶路，走完台阶即是一条平宽的道路，这条路便是"司马道"。两旁现有华表 1 对，翼马、鸵鸟各 1 对，石马 5 对，翁仲 10 对，石碑 2 道。东为无字碑，西为述圣记碑。有王宾像 61 尊，石狮 1 对，周围还有 17 座陪葬墓。出土珍贵文物 4300 多件。其中有 100 多幅绚烂多彩的墓室壁画，堪称中国古代瑰丽奇绝的艺术画廊，《马球图》《客使图》《观鸟捕蝉图》《出猎图》《仪仗图》等壁画，不仅对研究唐代绘画，而且对研究唐代建筑、服饰、风俗习惯、体育活动、宫廷生活、外事往来等具有重要价值。

唐乾陵临近国道 G312 和高速 G70，毗邻乾县客运站，有两条公交线路通过，交通可达性良好，并与陕西主要人文旅游景点形成固定线路，是陕西西线旅游产品的重要节点。

综合各评价项目，最终唐乾陵旅游价值得分为 80 分，属于中旅游价值的遗产，其全域旅游开发潜力适中，对当地社会经济文化发展具有一定的带动作用（见表 6-5）。

表 6-5　唐乾陵旅游价值评价

评价项目	档次	赋分（分）
帝陵价值	国家重点文物保护单位、国家 AAAA 级旅游景区； 占地面积 40 平方千米	30
帝陵辐射范围	远郊或农村	10
全域旅游相关要素的组合程度	临近交通干线国道 G312 和高速 G70、毗邻乾县客运站五陵塬都市农业长廊； 分布有唐懿德太子墓博物馆、唐章怀太子墓、唐永泰公主墓、乾陵水库、乾陵黄土民俗村； 有三所中学和一所职业教育中心； 公立博物馆并实行有偿开放； 拥有大唐牡丹文化旅游节、乾陵户外大讲堂、乾陵文化讲堂等品牌	30
保护程度	形态与结构基本保持完整，墓葬建筑组成部分完备	10

对比汉阳陵和唐乾陵这两个著名陵寝类遗产，可以发现，陵寝选址对遗产价值、遗产规模、辐射能力、与其他旅游要素组合能力以及保护程度具有重要

影响。汉陵分布在距离城市较近的区域，并且当时的礼制促成了其规模较大的人口分布，再加上西咸新区的建设为其注入新的活力，旅游价值相比较高。与之相反，唐陵分布在远离城市中心的位置，城镇化对其影响较小，原真性保持较好，但相应的辐射能力较低，因此旅游价值相比较高。

关中汉唐帝陵体现了当时的生活观，完整的帝陵遗产不仅保持了西汉和唐王朝原有生活状态，而且保持了当时的政治地位和权威。帝陵丰富的随葬品为游客展示了当时绚丽多彩的社会风貌，构成了一座座独具特色艺术宝库。在观赏帝陵宏伟壮丽的景观风采的同时，中华民族的文化认同、血缘认同得到不断的强化和延续，民族自信心得到不断巩固，民族心理得到固化，形成了对先祖及其文化的足够敬意，维系了中华文明数千年的延续。特殊的文化内涵使得关中帝陵在世界上具有极大影响，作为历史的见证，帝陵成为陕西重要的文化招牌。

第二节　基于游客体验的营销策划

一、基于游客体验的营销策划理念

如何使关中汉唐帝陵旅游价值充分体现出来？首先需要有最纯粹的文化载体，让其文化内涵活化。帝陵文化遗产复活，遵循留古、复古、扬古、用古的原则，按照原空间、原尺度、原风貌、原材料、原工艺、原地工匠的"六原"标准，重点把文化基因融入帝陵文化遗产建设中，让帝陵遗产在原有风貌、形态、规制等历史的基因上复活起来，为文化旅游提供最高标准的文化载体，使之能够成为世界文化遗产。

（一）留古

留古，就是对现有遗产进行最严格的保护。妥善处理遗产保护与农村建设的关系，把依存的石刻、遗址等都原封不动地保留下来，保留帝陵文化景观框架。为帝陵文脉传承保留最原真的文化记忆、文化基因，让帝陵文化有根可循，确保帝陵文化具有最高的原真性。

（二）复古

复古，就是挖掘历史，原貌复建。设计上遵循原空间、原尺度、原风貌，通过数字技术，恢复帝陵文化景观风貌及内部结构，给游客身临其境的感受。建设上遵循原材料、原工艺、原地工匠，高度复原帝陵遗产及其文物进行展示，或设计富有特色的旅游商品，最大限度地追求历史的原真性。根据历史照片、古籍图册以及当地居民的回忆，绘制帝陵文化景观素描图，利用信息化手段加以展示，使保留下来的文化记忆、文化基因重新活起来，让游客深刻体验到鲜活的原真文化。

（三）扬古

扬古，就是继承发扬、创新升华。按照现代审美标准和功能要求，不断承古传今、推陈出新。一是标准上创新，严格按照国家文物局制定的相关标准，建立帝陵范围内可移动文物及不可移动文物数据库，确保帝陵遗产信息完整保留下来。二是理念上创新，建设数字帝陵、生态帝陵、智慧帝陵，体现现代科技水平和功能需要。三是设计上创新，打破现有展示方式及展示内容，打造新亮点，在不失原真性的基础上，为其注入新的时代精神，使帝陵文化更具亲和力，更容易被接受、传承和发扬。

（四）用古

用古，就是古为今用、弘扬繁荣。一是保留传统记忆，通过传统文化与信息化、智慧化手段的有机结合，不仅保留了传统的物质景观记忆，还保留了传统的文化记忆，复活汉唐时期原汁原味的居民日常生活，让游客实现时空的"穿越"，感受汉唐之风。二是打造文化空间，利用先进的展示技术及景观营建，实现帝陵文化遗产的活化传承。三是注入休闲因素，实现与当地民俗民风的有机结合。在实现帝陵文化遗产充分展示的同时，注重旅游产品结构的丰富性和连续性，通过构建风景道，增强帝陵文化遗产吸引力，满足游客多重旅游需求。

遵循"四古"原则，确保帝陵文化的最原始基因的原真性和最高标准复古的鲜活性，注入了时代精神的亲和力以及古为今用的时间性，使文化遗产精髓具有强大的生命力和广阔的发展空间，为打造文化休闲品牌、实现帝陵旅游价值提供核心文化元素。

二、基于游客体验的营销措施

(一) 关中汉唐帝陵文化遗产数据库构建

随着信息技术的不断发展，人们日常生活和工作所使用的信息越来越多地以数字形式存在。尤其是文化、科学和信息等实体性遗产越来越多地以数字形式存在，而且越来越多地仅以数字形式存在。《世界文化遗产地管理指南》指出，文化遗产的记录、建档和信息管理是保护进程中的关键问题。应对遗产地建筑物及景观信息编制详细完整的目录和文档，做到信息标准化，以便所有相关工作人员能够使用同样的信息，进行数据共享。数据存储应以最细分类形式进行，从而保证使用时达到最大灵活性。对于覆盖区域大或拥有复杂城市因素的遗产地，可能考虑使用地理信息系统技术来有效管理数据。

但是，目前仍然存在文化遗产信息资源综合利用度低、系统间、部门间信息难以共享和交互等问题，严重阻碍了旅游信息化和文物保护信息化建设的进程。究其原因，在于信息资源缺少统一的数据标准和规范，致使不同部门的数据系统无法兼容，增加了新交互的难度，从而无法实现信息资源共享。

完全占有信息才能摸清家底、掌握市场，及时实现转型。收集大量不同位置角度的数据用来精确地标注和集成，以捕捉帝陵遗产所有结构信息。信息采集可以通过激光扫描法、摄影测绘法、基于平面图的模型构建法及无人机信息采集方法等多种技术和方法。

数据库应包含以下内容：一是信息内容。包括帝王信息、陵寝形制、占地面积、高度、地面保留文物、保护级别、陪葬墓数量、出土文物类型及数量、陵寝特色、历史典故、遗风民俗、与居民区距离等。二是信息类型。包括平面信息、基本图像信息、细节图像信息、激光扫描信息、环境景观信息等。

考虑到每处遗产所需和所提供的信息量，就需要明确的遗产信息管理政策。这对于程序标准化也是必不可少的，即确保信息格式能够与其他来源的信息格式兼容，从而实现相互交流——既在国家范围内，又在地区和国际级别上。迄今为止，绝大多数遗产数据库都是独立发展的，相对封闭，因此，有必要建立一个统一标准，以便方便记录的获取和解释。

此外，作为重要的旅游景区、旅游目的地，帝陵文化遗产数据库应注意与旅游信息系统的对接。结合帝陵文化遗产特征，建立和完善包括旅游咨询、旅游线路动态信息、旅游交通资讯、酒店预订、在线论坛等内容的旅游信息数据库，确保旅游信息全面、及时、准确，满足游客的需求；通过集成游客信息，准确了解游客的兴趣偏好，为其提供个性化服务。最终使帝陵文化遗产信息与游客体验信息及时流动，改进旅游产品、提升游客体验、增强遗产保护。

（二）关中汉唐帝陵风景道体系规划设想

风景道是一种路旁或视域之内拥有审美风景、自然、旅游、文化、历史和考古等价值的景观道路，也被称为风景公路、景观路或旅游公路，具有交通价值、景观价值、游憩价值、历史价值、文化价值、自然价值、文物价值等多重功能（朱高儒等，2013）。风景道在自驾休闲游客当中日益风靡，既促进了当地经济发展，也成为国家级旅游发展战略。我国公路设计理念呈现由只注重运输功能到关注审美、愉悦、游憩和保护功能有机结合的变化（鲁宜苓、孙根年，2017）。《"十三五"旅游业发展规划》提出，以国家等级交通线网为基础，加强沿线生态资源环境保护和风情小镇、特色村寨、汽车营地等规划建设，完善休憩与交通服务设施，形成品牌化旅游廊道。《关于促进交通运输与旅游融合发展的若干意见》提出，到2020年，基本建成结构合理、功能完善、特色突出、服务优良的旅游交通运输体系。建立健全交通运输与旅游融合发展的运行机制，基本形成"快进""慢游"旅游交通基础设施网络，旅游交通产品供给能力明显增强，旅游交通服务功能明显改善，服务质量有效提升。风景道的建设最重要和最核心的作用在于旅游资源的二次开发与整合，通过风景道体系的构建，实现旅游资源空间布局优化，构筑新型旅游功能区，使零散的旅游资源、旅游景区整合为品牌化的旅游产品。

1. 规划原则

一是要坚持历史文化连贯性原则。风景道体系规划的历史文化连贯性包括时间上的连贯性和空间上的连贯性。关中帝陵遗产分布区时间跨度从西周至唐代，辐射了西安、咸阳、宝鸡、渭南、铜川、杨凌五市一区，从时间和空间上都具有鲜明特色。时间上的连贯性是指各帝陵遗产应打破景区运营的壁垒，整合资源，利用先进的数字技术构建完备的信息数据库，按照时间脉络构建帝陵遗产网络体系，形成具有统一时间特质的文化线路。空间上的连贯性是指根据帝陵分布实际情况，围绕特定主体构造遗址廊道，实现跨区域、跨行政区划的整体格局，恢复和保护关中帝陵的原真性和整体性，以加强对帝陵资源的整合力度，进而方便风景道的建设管理。

二是要坚持人文景观与自然景观和谐性原则。中国传统文化讲究"天人合一"，主张人与自然的相辅相成、和谐统一。由于自然与人为的原因，现有帝陵遗产仅保存了其存在的环境条件，原有的地面建筑荡然无存，要提升其旅游吸引力，必须对其进行大规模的环境修复和设施完善。在这一过程中，要充分保护和有效利用现有的自然景观和历史遗迹，通过借景手法，将廊道设施融入遗产已有自然与文化氛围中，凸显廊道周边历史文化特色，避免对环境的过度干扰，使其成为展现地域文化与自然生态的载体。

三是要坚持风景道建设体系性原则。风景道是一种通过线性路线将点、面状的景区、景点连接成网状旅游目的地的非常有效的手段和途径（胡道华、赵黎明，2011）。因此，在不同规格、地域的帝陵遗产地之间需要不同等级公路交通进行联通，构建体系合理、网络完善、功能齐备、层次分明的旅游交通系统，将遗产保护、旅游道路、生活道路等主次道路在交通空间给予充分重视和结合；重点建设帝陵遗产廊道的旅游集散中心和完善廊道网络节点布局，通过多层次、多样化的风景道体系增加可达性；因地制宜建立观景及游憩设施，满足游客尤其是自驾游客的需求，规划设计符合关中汉唐帝陵风景道特色的解说标识系统，从品牌标示、指向标示、信息标示、解说标示、广告标示、约束标示和警告标示等方面为游客传递可靠、准确的信息，实现旅游交通标志规范、清晰明确、快速识别，从而加深旅游体验。

四是要坚持安全性与人性化相结合原则。安全性是遗产廊道建设的基本要求，包括文物安全性及游客安全性两个方面。帝陵遗产作为我国重要的不可移动文物，其安全性是不容置疑的，廊道建设必须在《中华人民共和国文物保护法》的基础上，以对遗产最小影响为前提开展，从而保证文物遗址的安全。中国传统的风水理念使帝陵多布局在地形条件复杂的区域，会对游客造成潜在的安全隐患，因此在廊道建设时对其安全性要求应高于一般公路。人性化原则是根据遗产廊道使用主体不同要求提出的，既要符合游客参观游览的需要，充分展现沿途历史风貌和自然风光，增加旅途乐趣；又要符合廊道居民生产生活需要，保护他们的生活环境不受影响，并能得到增加经济收入的机会。安全性和人性化相结合的原则是对破解文物"保护还是利用"难题的一种尝试，也是廊道规划最基本的要求。

2. 规划主题

通过对关中帝陵遗产分布区旅游资源的梳理以及游客体验调查，总结出以下核心旅游吸引力：皇帝陵寝、丝绸之路、乡土民俗、红色革命纪念地、唐宋文化、盛世历史等。其中，历史文化遗址遗迹是开发时间最久、旅游形象最突出的一类旅游吸引物，是整个风景道体系的基础；民俗风情是近些年新生旅游吸引物，具有遗产廊道强劲的后续力量。整合这些旅游资源及旅游景区，可以扭转当前关中帝陵遗产单一的博物馆展示旅游形式，形成以知识性观赏和原真性体验相结合的旅游展示方式，为游客提供重历历史、体验传统、回归自然、探索新奇、感受生活的机会，在休闲娱乐中进行遗产教育，为游客灌输保护与可持续发展理念。

3. 规划内容

围绕关中汉唐帝陵风景道的规划主题，结合沿线景观风貌，整合周边自然生态、传统文化、特色乡村等旅游资源，形成具有通达、游憩、体验、运动、健身、文化、教育等复合功能的风景道体系。

（1）丝路起点风景道。丝绸之路是历史上横贯欧亚大陆的贸易交通线，促进了欧亚非各国和中国的友好往来。丝绸之路由古长安（今西安），沿渭河，过咸阳，至虢县（今宝鸡），分为两路，后于上邽（今天水）分为三路。关中帝陵遗产地正处于丝绸之路起点范围之内，与丝绸之路多处遗产重合。

（2）关中汉唐帝陵遗产风景道。关中汉唐帝陵风景道连接了陕西省29座汉唐帝陵，可以体验古道旁、帝陵边的古风古韵。"一陵带一村，一村护一陵"，村衬托了陵的风华绝代，陵带给了村别样繁华。重点区域：澄城、蒲城、富平、三原、泾阳、秦都、渭城、礼泉、兴平、乾县。具体线路：澄城—白水（仓颉庙）—蒲城（桥陵、景陵、光陵）—富平（元陵、简陵）—三原—秦都（平陵）—渭城（汉阳陵、长陵、安陵、渭陵）—礼泉（昭陵）—兴平（茂陵）—乾县（乾陵、靖陵）。目前各地各自建成了通往帝陵的道路若干，只需将其连片成网就可以加以利用，形成慢游格局。

（3）黄土高原民俗景观风景道。《"十三五"旅游业发展规划》提出建设了25条国家生态风景道，其中规划了从内蒙古鄂尔多斯南下，到陕西榆林，再经延安、铜川至西安的黄土高原风景道。该风景道纵贯陕西北部，展示了黄土高原特殊的景观风貌。关中帝陵遗产地恰恰广泛分布在这一国家风景道附近，将自然风貌与历史遗迹结合起来，能够为游客提供丰富多样而层次鲜明的景观感受。黄土高原的自然环境又造就了特有的黄土高原民俗。这些民俗通过乡村旅游的形式予以展现，其中以最知名的民俗村袁家村和马嵬驿为代表，形成集娱乐、休闲、度假于一体的黄土高原民俗遗产廊道。重点区域：潼关、大荔、合阳、韩城、渭城、泾阳、三原、礼泉、乾县、兴平。具体线路：潼关（潼关黄河风景区、秦东镇、黄金一条街）—大荔（同州湖景区、沙苑景区、丰图义仓、福佑景区）—合阳（处女泉景区、福山景区）—韩城（司马迁祠、韩城古城、梁带村遗址博物馆、党家村）—渭城（大石头村、刘家沟村）—泾阳（茯茶镇、龙泉山庄、乐华城）—三原（柏社村、周家大院）—礼泉（袁家村、白村、东黄村、烽火村）—乾县（乾陵、盘周村）—兴平（马嵬驿、花田公社）。

4. 风景道体系开发营运建议

（1）廊道立法。我国现有的用于线性文化遗产保护的行政法规有《长城保护条例》和《大运河遗产保护管理办法》，对保护对象的可持续保护和开发的方方面面进行了规范，从而确保廊道遗产沿着健康轨道发展。陕西帝王陵分布广、面积大、等级高、陪葬墓多、保护难度大，伴随近年来帝王陵寝保护与当地生产生活的矛盾深化，帝王陵的安全形势十分严峻，立法保护迫在眉睫。但是目前适应于关中帝陵遗产的法律法规均为诸如《中华人民共和国文物保护法》《全国重点文物保护单位保护范围、标志说明、记录档案和保管机构工作规范》《陕西省文物保护条例》《博物馆条例》等普遍意义的法规体系，缺乏专门的管理办法，尤其是具有跨区域、大尺度等效应的廊道遗产保护法律法规。关中帝陵遗产地可效仿二者，尽快出台专项保护，从整体区域进行遗产保护。

（2）组织机构。关中汉唐帝陵风景道覆盖了西安、咸阳、宝鸡、渭南、铜川、杨凌五市一区，需要建立协同机构，如"关中帝陵遗产保护协同中心"来保证关中汉唐帝陵风景道体系历史文化挖掘与重建、区域旅游合作、整体性保护等问题的解决。由协同中心负责关中汉唐帝陵风景道整体保护的计划制定和行动执行、区域遗产旅游发展方针政策制定、对重大问题与事故进行责任分析与处理、整体营销与宣传方案的编制以及相关领域专家建言献策的邀请与组织。

（3）制定发展规划。关中汉唐帝陵，从历史文化到自然风貌，都是不可再生资源，如果没有科学合理的规划指导，将会造成不可逆转的危害。而且整个遗产廊道辐射面广，需要整合多方利益，有效的规划可以促进旅游品牌的统一化、旅游产品的系统化、旅游营销的协调化（李飞、马继刚，2016）。遗产廊道规划应基于保护和利用两大基础，将关中帝陵遗产沿线的遗址、遗迹、旧址、故城等物质文化遗产，民俗风情、民间技艺、乡愁等非物质文化遗产，山川、河流、黄土高原等自然遗产，制定保护利用标准并提出相应开发措施。

（4）塑造廊道品牌。关中帝陵遗产的单体品牌效应由来已久，将其成熟的旅游品牌与周边新兴旅游产品结合，塑造出关中汉唐帝陵风景道整体品牌，形成整体形象是当前旅游开发最关键的任务。首先，把握好关中帝陵遗产历史文脉，理顺历史文化景观、自然景观以及民俗风情景观之间的关系，将关中汉唐帝陵风景道沿线具有特色的元素整合起来，形成以文化内涵为凝聚力的品牌形象。其次，通过完善的解说系统展示出关中汉唐帝陵风景道形象，让游客在旅游过程中感受遗产廊道的元素和符号，充分体验到盛世王朝的气势、文化及民风。

（5）实现整体营销。过去关中帝陵遗产多是单体营销，没有形成整体品牌形象，一定程度上造成景区之间的竞争，破坏了区域旅游形象的整体性。因此，应将关中帝陵遗产所在的城市群作为营销主体，将关中帝陵遗产整体作为营销客体。在营销过程中重视整体形象塑造，利用统一的选择口号、统一的标识、统一的风格、统一的服务质量，使关中帝陵遗产信息传递具有一致性。帝陵因为历史渊源失去了大量的物质形态，需要通过综合使用多种营销手段使其形象丰满、更具吸引力，可利用现代先进的信息技术，通过影视剧、旅游微博、旅游电商、网络游戏、专业纸媒等吸引广大潜在游客，形成稳定客源市场。

（6）社区参与。社区是旅游发展的依托（罗小燕、潘运华，2013）。关中汉唐帝陵风景道中的各景观历经历史的冲刷深深印刻在所在社区居民生产生活当中，大部分旅游活动都离不开社区居民的配合。他们既是遗产地资源与环境的守护者，又是传统文化的继承者，同时还是旅游开发活动的利益相关者。在关中汉唐帝陵风景道的开发中应突出社区参与环节，让社区居民在旅游规划、旅游经营与管理等方面积极参与，使遗产廊道既能满足文物保护、游客体验的需求，又能满足当地居民生产生活需要，推动当地经济效益、社会效益、生态效益的协调，实现关中汉唐帝陵风景道的可持续发展。

（三）关中汉唐帝陵文化遗产解说系统设计

遗产解说是为游客、潜在游客及其他公众提供的，能够全面、真实、生动、科学地接触场所、对象、自然系统等文化或生态重要性的有效途径。恰当的遗产解说技术和负责任的解说创意能够鼓励当代与后代积极投身于遗产保护工作。2008 年，国际古迹遗址理事会（ICOMOS）颁布了《文化遗产阐释与展示宪章》，遗产解说与展示首次以国际文件形式得到确认。

美国人弗里曼·蒂尔登在 1957 年提出的"遗产解说六原则"至今被奉为经典。他认为，解说需要和游客的个性或经验发生关联；解说是在信息整理基础上的理解和挖掘；解说是结合多种人文科学的，并能够通过训练得以提升的艺术；解说的主要目的是使听众得到启发；解说必须全面，照顾到整体，而不要纠结于琐碎片面的枝节；对 12 岁以下的儿童做讲解，其方法不应是稀释对成人解说的内容，而是要有根本上完全不同的方法。（燕海鸣，2014）。

旅游体验注重旅游产品与服务的文化内容，其目的之一是使旅游者增加知识、增长才干，因此包含了娱乐、教育、逃避现实和审美几个层次内容的融合。游客沉浸其中，获得身心愉悦，并使自己的精神得以升华。传统的讲解方式主要是客观说明了遗产所代表的那个时代特权阶级的品位、爱好、信仰，帝陵主人没有义务确认他们的追求或者与同伴分享他们的见解，他们的身份使得这些遗产自然而然成为当时最好的、最有价值的财富。这种说明方式略显"强制"地让游客接收遗产相关信息及其所包含的价值观，恰恰忽视了游客这个客体的体验需求。真正科学并能够满足游客需求的解说方式应该是能使游客萌发对创造者及其本身的热情。遗产的价值源于初学者对专业知识的向往，遗产解说应实现对遗产可靠性和专业性知识的传递，从而满足向公众宣传遗产保护的社会需求。

关中汉唐帝陵凝聚了中华民族数千年的物质成果和精神财富，能够强化国民的民族认同感和民族自豪感，是传承优秀民族文化的物质载体。充分利用各种形式的传播媒介，使游客在游览过程中产生共鸣，提高理解民族文化的自觉意识，启发参观者的自我思考和觉醒，即参观对象从"他"变为"我"的过程。这是遗产解说最重要的一步，也是最艰难的一步。

利用各种媒介介绍帝陵及其历史时，在保证解说效果的同时，需要特别注意，原真性、协调性、完整性是游客对文化遗产旅游体验的核心要求。因此，不要破坏遗产地景物的外观或周边环境。例如，声光电表演时配备的设备机器有可能对遗址建筑造成破坏，或者在白天阻挡遗产地的整个布局。设立解说标识可能会破坏优美的景观，安装标志时也可能对景区造成破坏。传统解说媒介有：以各种语言详细描绘景区的书面介绍、解说图板、规划册、宣传单、旅游指南、纪念品介绍册以及旅游提示册等；导游或教师；博物馆、展览、模型、建筑材料样品、艺术品的复制件、照片或纪念币；立体模型、声音解说设备、便携式录放机；电影、电视剧、戏剧、音乐、声光电表演及在重点景观上打光。

（四）关中汉唐帝陵文化遗产展示模式设想

展示是旅游资源的本我特质的释放，是在一定的空间内，以实物样本为基础，配合辅助技术手段，按一定的主题，以陈列或演示的方式，使人加以理解（张渊，2007）。基于体验经济的视角，展示就是对遗产的"装饰"，为了满足旅游者自我实现的需要，对标准化产品展示方式进行个性化定制。利用 App、微信公众平台或其他自媒体，引导客户选择一副或多副图片和其他的图案加入，通过数字化工具将游客的设计展现出来，直到达到他们的需求；收集整理汉唐语言习惯，制作导游讲解词向游客播放，并配以各时代典型书法字体的字幕，刺激游客感官……这些个性化方式的采用可以实现展示模式在旅游体验方面的要求。

帝陵建造规模的宏大性、景观构成的多元性、展示要素的复杂性以及保护级别的最高性，使游客无法全面地、连续地、细致入微地观察和领略帝陵文化遗产。利用信息化手段对展示方式的改造，可以有效地实现遗产保护和遗产信息传播，使游客可以实时感受关中汉唐帝陵曾经的风貌，从而"沉浸"其中，身临其境，增强了旅游体验。Morate 等（2008）指出传播文化遗产信息对保护、了解和保存文化遗产具有重要意义，对遗产修复工程和发掘过程展示，可以让观众了解遗产保护工作中的问题和修复技术，并能够鼓励后代参与遗产的复原和保护，常规的到文化遗产地走马灯式的参观方式不能实现文化遗产信息的传播，需要对（文化遗产核心内容的）知识、理解和解说的传递才能实现。Laycock 等（2008）、Song 等（2003）分别利用 4D 动感影片技术对 19 世纪德国科布伦茨和马来西亚土著华人社区及其文化进行重建。Papagiannakis 等（2010）利用 3D 技术，依据古壁画复原庞贝古城的生活状态。Remondino 等（2009）通过 3D 技术对戈提那法典碑文进行文本研究和结构分析。但在文化遗产数字化方面尚未有学者利用实时动感技术和设备实现虚拟世界重建。Deleon 和 Berry（2000）在巴黎圣母院虚拟现实项目中建造了基于游戏的 3D 工具用来进行实时虚拟导游。Gutierrez 等（2008）通过设置光散射实现增强现实效果，从而提高游客在埃及卡拉布萨神庙的旅游体验。Ulicny 和 Thalmann（2002）利用群体仿真技术构建了规范行为系统用于监控游客行为，从而改善游客在文化遗产地的旅游体验。

图 6-3 是对关中汉唐帝陵展示系统设想。该系统分为后台服务端和客户端。后台服务端用于分析场景的复杂性，结合游客需求提供必要的信息，进行一定的加工，提供实时 3D 场景图像合成，并投影到屏幕上。客户端用于接收游客指令，分析游客需求，提供诸如旅游线路、服务方式、帝陵历史文献、文物资料及其他信息。

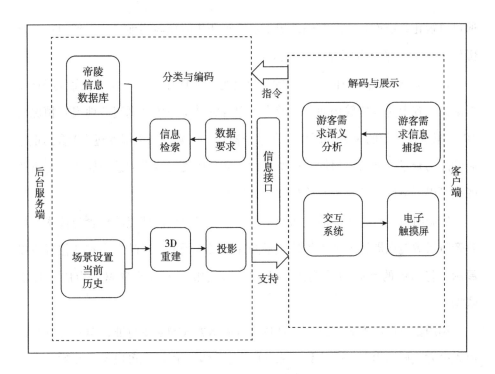

图 6-3 关中汉唐帝陵展示系统设想

该系统分为三个模式：重建、对比、发现。

（1）重建模式。虚拟重建的可视化被认为是文化遗产数字展示的最主要目的，是对比模式和查询模式的基础。通过建立帝陵文化遗产数据库，搜集各类数据信息，利用 3D 技术重建帝陵风貌。该模式可以解决游客观赏需求与文物保护规定之间的矛盾。游客可以身临其境沉浸遗产景观氛围之中，而不对帝陵造成干扰和破坏；考古工作者则不用担心文物过分暴露带来的隐患，以及旅游开发对文物修复的过分要求。

（2）对比模式。在重建模式的基础上，对比模式可以展示文化遗产在不同时期的变化与传播。并且，游客可以在该模式下获得身临其境的娱乐性。可以利用计算机图形方法和渲染方法等实现多种意向的综合。3D 眼镜可以将不同维度一览无遗，或是使用由相同或相似配置的相机影像构成的多视图端口。

通过可视化终端设备，随时随地提供遗产地历史时期与当前变化影像对比，该影像以 360°水平全景图像加以展示。

（3）发现模式。该模式构建的动机是为了实现在遗产地物理位置与 3D 重建虚拟位置上游客体验沟通，使游客可以身临其境地感受到遗产地实际情况与 3D 虚拟重建之间的关系与区别。在这个模式下，游客既可以通过 3D 看到重建后帝陵的全景，又可以根据自己所在位置回顾历史时期下的景观原样，更重要的是可以了解修建的过程及修建技术的知识。

实施时应注意，不同的文物及景观应选择能够突出特点的理念与技术，反映帝陵景观应以展示宏大气势的风景图片为展示渠道，反映汉唐衣食住行应以展示工艺精湛的动态短片为展示方式。最大限度地收集素材，为展示提供依据。

利用数字展示方式，虽然不具备传统展示方式的质感特征，但是可以通过声光电方式展示出贴近帝陵景观原状的视觉效果，同样也可以展示文物的实际效果。游客可以根据个人喜好，通过调整展示系统里设定的参数，体验不同视觉和听觉效果，达到对原真性的体验。

（五）其他游客体验管理措施

1. 物联网

物联网（Internet of Things）就是物物相连的互联网，核心和基础是互联网，物品与物品之间进行信息交换和通信。简单来说，物联网可以让孤立的物品（动物、植物、设备等）"开口说话"，通过局部网络或互联网等通信技术接入网络世界，让它们之间能相互交流，让我们可以通过软件系统操纵各种物品，采集其声、光、热、电、力学、化学、生物、位置等各种信息，实现远程监视、自动报警、控制、诊断和维护。物联网最大的特点是个性化需求容易满足，精细化管理不再是难题了。物联网将智能设备、系统、处理器、文化遗产以及游客联系在一起，在游客可以体验的领域形成串流。同时这些联系之中产生的数据可以帮助市场为游客提供更私人化的服务，从而增强游客的旅游体验。通过监控旅游景区人流密度，了解帝陵文化遗产地保护状况和景观，并对游客流动进行合理引导，便于游客选择舒适的旅游环境，全面提升游客的满意度。通过对海量的旅游数据的分析挖掘，寻找并发现游客的个性偏好、开发新型旅游产品，制定出符合游客个性需求的旅游线路，设计全新的营销方案，实现旅游产品的创新和营销方案的创新。

2. 游客容量管理

设立专门的咨询中心，为游客提供旅游手册和景点地图，提供咨询、预订酒店和剧院服务，提供其他景点的宣传册以及交通咨询。但应注意要将提供帝陵遗产自身资讯服务的机构区分开，以免游客在咨询点排长队。利用传感器技术及时调节游客流量。高峰时期的游客数量可以通过设立技术系统降低，也可以通过在任意时段限制游客数量解决。开放时间的调整也可以大大帮助减缓游客数量带来的压力。可以为参观团体提供多重路线选择，参观线路应当尊重人们的惯性。及时调节门票价格既可以提高游客服务水平、让游客更好地享受景区乐趣，又可以保证景区保护遗产的经费稳定。利用公共资源或文化资源建设的旅游景区，通常都是具有一定知名度和旅游吸引力的自然风景型景区和历史积淀型景区。这些景区所依托的资源属于全体公民所有的公益性资源，属于公共产品，只有政府才能代表广大民众行使门票定价权，才能真正体现其旅游资源的社会福利性质。但由于拥挤效应，随着旅游者的增加，个人从该公共产品获得的旅游收益会随之减少，具有非纯公共产品性质。

3. 帝陵国家文化公园构想

《中华人民共和国国民经济和社会发展第十三个五年规划纲要》提出"建设国家文化公园，完善相关保护利用设施，实施国家记忆工程"。国家文化公园是文化遗产、遗迹景观环境与文化的统一体，体现了一定历史时期的政治、文化、经济、艺术、科学等信息，具有传承历史文化、展示重大的人文景观等社会文化功能（苏杨等，2016）。国家文化公园建设是文化改革发展政策落地的体现：以公园的形式在空间层面上实现文化改革落地；以优秀传统文化传承体系、培养新的文化产业为主要内容；兼具公益性和商业性的特征；从而增强文化实力和世界影响力、扩大文化消费、构建新型文化产业格局。关中汉唐帝陵遗产地基本囊括了我国悠久文化的所有信息，在打造国家文化公园、整合遗产资源、实现遗产整体保护方面具有得天独厚的条件。在创意策划阶段应高起点着眼，用好独特文化资源、打造独特文化品牌，组织考古、历史、民俗、美术、旅游、信息技术等学科专家深挖文化内涵，使文化遗产成为展示历史文化、弘扬爱国主义、传播民族文化的重要平台；应通过创造性转化、创新性发展，找到历史和现代交汇点；特别要借鉴吸收国外遗产旅游开发经验，让游客参与互动，多视角体验优秀传统文化魅力，在潜移默化中触摸历史记忆、延续文化根脉，让人流连忘返，实现文化事业和文化产业的完美融合。

第七章　研究结论、研究创新点、研究不足与展望

第一节　结　论

（1）游前的游客信息搜索行为的时空特征体现出潜在游客出行前对关中汉唐帝陵体验偏好。空间上，东部地区旅游偏好最为强烈，西部地区，尤其是少数民族地区偏好较低。西部地区内部旅游偏好差异度较大，中部地区内部旅游偏好最稳定。这反映出游客对文化遗产地的感知与偏好深受区域经济条件和文化渊源的影响。时间上，游客对关中汉唐帝陵的信息搜索量逐年升高，反映出游客对此类旅游资源的偏好逐年增强。景区全年适游使得年内信息搜索量较为稳定，仅在黄金周前后出现巨大波动。一周的信息搜索指数反映出游客的决策过程，周一至周四为决策信息搜集阶段，周五为决策制定阶段，周六、周日为决策实施阶段。信息搜索热点体现了游客决策的影响因素。关中汉唐帝陵的原真性是游客最关注的因素，包括帝陵主人真实情况、景区旅游资源构成情况、帝陵保护状况信息及帝陵遗产区域影响力的关注，同时诸如旅游线路、可

达性等与景区有关的项目也有考虑，进一步说明了旅游体验的综合性和多元化。

（2）游中的游客时空行为及感知过程具有时空动态及情感特征。时间上，游客年度总体呈增长趋势，年内旅游旺季出现在第二、第三季度；周内呈现"周末效应"，并与移动搜索指数时间趋势互补。空间上，游客数量与其客源地距离呈"W"形分布，即随着距离的增加游客数量先减后增再减再增，短途与长途客人占比较大。游客情感特征反映出游客现场体验满意度不高，存在明显时间性，伴随旅游旺季到来游客的消极情感逐渐增加，旅游淡季时游客的旅游体验相对较好。引入游客拥护度和游客喜爱度概念来衡量不同客源地游客的体验，并将国内旅游市场分为四个等级。游客体验影响因素分为旅游便利因素、旅游体验因素、旅游基础服务因素三大类。

（3）游后的游客体验及评价阶段是对旅游记忆的一种整理过程，既包括对旅行过程的复述，又包括个人的感悟，以及对未来旅行的建议。关中汉唐帝陵游客对旅游资源、旅游服务、旅游活动等旅游体验对象记忆更为深刻。关中汉唐帝陵游客体验的语义分析结果，揭示了核心旅游吸引力和主要功能。网络游记与满意度调查结果显示游客体验以正面为主，其中旅游体验因素得分最高，并且，汉陵满意度较唐陵高。

（4）关中汉唐帝陵旅游资源构成丰富，旅游价值高，可通过多种方式实现游客体验需求。本书对关中汉唐帝陵旅游资源结构进行系统性整理，在原真性理论指导下，基于关中汉唐帝陵空间分布、文化特征、自身优势、地域特色，以及游客体验需求和旅游业发展背景，提出关中汉唐帝陵旅游价值评价体系。该评价体系包括帝陵价值、帝陵辐射范围、全域旅游相关要素的组合程度以及保护程度四大类、九个指标，根据帝陵具体情况赋分分为高旅游价值、中旅游价值、低旅游价值三级。

第二节　研究创新点

第一，对游客体验过程进行阶段划分，揭示了不同阶段游客体验行为特征，具有一定的理论意义。利用地理大数据，对游前游客信息检索行为、游中游客时空行为与感知过程、游后游客体验评价进行分析，分析出不同阶段游客时间、空间、情感特征，从新视角下对旅游体验进行研究。

第二，发现了基于不同信息通道的游客体验诉求，是大数据在行为学及旅游学中的深入应用。利用百度指数、新浪微博、网络游记等信息通道数据，运用相关词分析掌握了游客搜索热点、情感分析测度了游客满意度、语义分析挖掘游客体验的关键内容，从而发现游客对遗产旅游的诉求。

第三，构建了基于游客体验的关中汉唐帝陵旅游价值评价体系，为文化遗产地旅游价值评价提供了理论支持，具有一定的实践意义。在原真性理论指导下，根据游客体验特征及诉求，结合遗产地自身特征，构造出文化遗产旅游价值评价体系，为文化遗产旅游规划开发提供评估依据。

第三节　研究不足与展望

游客体验行为是旅游的内核，其外在形式和内在诉求会随着游客旅游活动不断发生变化，本书是针对当前游客表达体验的方式展开，从大数据时代发展趋势来看，必然会有新型的信息通道提供数据为研究所用。而以关中汉唐帝陵为代表的传统文化遗产旅游地，在游客体验诉求不断变化的过程中，其旅游资源结构和旅游价值也在发生变化。因此，本书研究仍存在不足，具体表现在：

（1）加强数据采集和深度挖掘技术提升。信息化时代下，游客体验越来越多地通过互联网平台表达和传播，但由于笔者在相关技术上的欠缺，需要借助技术人员的帮助才能进行数据抓取和处理，数据采集、清洗、降噪效果不尽如人意。有可能造成数据质量不稳定，加大研究误差。

（2）游客体验是对具体区域的感知，景区内不同景点的游客体验研究需进一步加强。本书虽然对关中汉唐帝陵范围内游客体验行为的时间、空间、情感特征进行了研究，但未深入研究游客在景区内部不同景点的体验，这对景区服务精准改进、游客管理，以及文化遗产保护都有着重要意义。

（3）社交媒体数据抓取最大特点是匿名性，因此不同信息通道之间数据的相关性、连续性需要进行进一步确认。网络数据抓取是对海量信息的捕捉，无法保证游前信息搜索的群体与游中体验群体、游后网络游记发布群体的一致性，因此应开展相关研究。

（4）鉴于研究样本的有限性，研究范围有待进一步完善。本书选取的是关中汉唐帝陵的游客体验作为研究对象，虽然能够得出文化遗产地游客体验行为特征，但不一定全面。今后应逐步开展其他类型遗产地的相关研究，从中发现文化旅游者的体验行为特征，使研究结论更为全面、科学和合理。

参考文献

[1] Aho S K. Towards a General Theory of Touristic Experiences: Modelling Experience Process in Tourism [J]. Tourism Review, 2001, 56 (3/4): 33-37.

[2] Amit-Cohen I. Contested Landscape and the Spirit of Place, The Case of Olive Trees and Urban Neighborhood in Israel [J]. Transactions of the American Philological Association, 2008, 128: 205-220.

[3] Andersson T D, Larsen S, Mossberg L. The Tourist in the Experience Economy [J]. Scandinavian Journal of Hospitality & Tourism, 2007, 7 (1): 46-58.

[4] Ayazlar R A, Ayazlar G. The Festival Motivation and its Consequences: the Case of the Fethiye International Culture and Art Festival, Turkey [J]. Journal of Hospitality & Tourism Management, 2015, 3 (2): 53-75.

[5] Biran A, Poria Y, Oren G. Sought Experiences at (Dark) Heritage Sites [J]. Annals of Tourism Research, 2011, 38 (3): 820-841.

[6] Bogue D J. Principles of Demography [J]. Journal of the Royal Statistical Society: Series A (General), 1969, 132 (4): 591-592.

[7] Boorstin D J. The Image: A Guide to Pseudo-Events in America [M]. New York: Vintage Books, 1961.

[8] Boorstin D J. The Image, or, What Happened to the American Dream [M]. New York: Atheneum, 1962.

[9] Bosangit C, Hibbert S, Mccabe S. If I was Going to Die I Should at Least be Having Fun: Travel Blogs, Meaning and Tourist Experience [J]. Annals of Tourism Research, 2015, 55: 1–14.

[10] Božić S, Jovanović T, Tomić N, et al. An Analytical Scale for Domestic Tourism Motivation and Constraints at Multi-attraction Destinations: The Case Study of Serbia's Lower and Middle Danube Region [J]. Tourism Management Perspectives, 2017, 23: 97–111.

[11] Bryant R, Katz R H, Lazowska E D. Big-data Computing: Creating Revolutionary Breakthroughs in Commerce, Science, and Society [EB/OL]. [2010-05-18]. http://www. marketingsci. com/files/6914/2481/8648/Big_Data. pdf.

[12] Caber M, Albayrak T. Push or Pull? Identifying Rock Climbing Tourists'Motivations [J]. Tourism Management, 2016, 55: 74–84.

[13] Cardinale S, Bang N, Melewar T C. Place-based Brand Experience, Place Attachment and Loyalty [J]. Marketing Intelligence & Planning, 2016, 34 (3): 302–317.

[14] Chen C. CiteSpace II: Detecting and Visualizing Emerging Trends and Transient Patterns in Scientific Literature [J]. Journal of the American Society for Information Science and Technology, 2006, 57 (3): 359–377.

[15] Choo C W. Closing the Cognitive Gaps: How People Process Information [C]. Financial Times of London, Information Mangement Series, 1999.

[16] Cahn A L. The Spirit of Place in the Cañadas Realesdela Coronade Castilla [EB/OL]. [2011-01-13]. http://www. openarchive. icomos. org/id/eprint/204/1/79-bnrP-152. pdf.

［17］ Chubb M, Chubb H R. One Third of our Time: An Introduction to Recreation Behavior and Resource ［M］. New York: John Wiley and Sons, Inc. , 1981.

［18］ Clawson M, Knetcsh J L. Alternative Method of Estimating Future Use ［J］. Economics of Outdoor Recreation, 1969, 21 （7）: 36-45.

［19］ Cohen E. A Phenomenology of Tourist Experiences ［J］. Sociology, 1979, 13 （2）: 179-201.

［20］ Cohen E. Tourism as Play ［J］. Religion, 1985, 15 （3）: 291-304.

［21］ Crompton J L. Motivations for Pleasure Vacation ［J］. Annals of Tourism Research, 1979, 6 （4）: 408-424.

［22］ Curtin S. Managing the Wildlife Tourism Experience: The Importance of Tour Leaders ［J］. International Journal of Tourism Research, 2010, 12 （3）: 219-236.

［23］ Dann G M S. Anomie, Ego-enhancement and Tourism ［J］. Annals of Tourism Research, 1977, 4 （4）: 184-194.

［24］ Deleon V, Berry R J. Bringing VR to the Desktop: Are You Game? ［J］. Multimedia IEEE, 2000, 7 （2）: 68-72.

［25］ Florese S Y, Cruz H S A B, Christoffoli A R, et al. Mullet Fish as Cultural Heritage and Tourism Experience in Bombinhas, Santa Catarina, Brazil ［J］. Rosa Dos Ventos, 2015, 7: 34-53.

［26］ Fu X, Huang J, Cai L. Chinese Cruise Tourists Motivations: A Cultural-historical Perspective, The 29th Annual Conference of International Society of Travel and Tourism Educators ［C］. LongBeach, 2010.

［27］ Gutierrez D, Sundstedt V, Gomez F, et al. Modeling Light Scattering for Virtual Heritage ［J］. Journal on Computing & Cultural Heritage, 2008, 1 （2）: 1-15.

［28］ Ho C H, Peng H H. Travel Motivation for Taiwanese Hearing-impaired

Backpackers [J]. Asia Pacific Journal of Tourism Research, 2017, 22 (4): 449-464.

[29] Hogg G, Liao M H, O'Gorman K. Reading Between the Lines: Multidimensional Translation in Tourism Consumption. [J]. Tourism Management, 2014, 42 (3): 157-164.

[30] Holland S M. Experiencescapes: Tourism, Culture and Economy, Tom O'Dell, Peter Billing, 2005, Copenhagen Business School, Køge, Denmark, IS-BN: 87-630-0150-0 (196 pp. pbk) [J]. Tourism Management, 2007, 28 (4): 1154-1155.

[31] Jong-Hyeong K. Determining the Factors Affecting the Memorable Nature of Travel Experiences [J]. Journal of Travel & Tourism Marketing, 2010a, 27 (8): 780-796.

[32] Jong-Hyeong K. Development of a Scale to Measure Memorable Tourism Experiences. [J]. Journal of Travel Research, 2010b, 51 (1): 12-25.

[33] Kim S, Jamal T. The Co-evolution of Rural Tourism and Sustainable Rural Development in Hongdong, Korea: Complexity, Conflict and Local Response [J]. Journal of Sustainable Tourism, 2015, 23 (8-9): 1363-1385.

[34] Laycock R G, Drinkwater D, Day A M. Exploring Cultural Heritage Sites through Space and Time [J]. Journal on Computing & Cultural Heritage, 2008, 1 (2): 1-15.

[35] Lew A A. Understanding Experiential Authenticity Through the Best Tourism Places [J]. Tourism Geographies, 2011, 13 (4): 570-575.

[36] Lue C C, Crompton J L, Fesenmaier D R. Conceptualization of Multi-destination Pleasure Trips [J]. Annals of Tourism Research, 1993, 20 (2): 289-301.

[37] MacCannell D. The Tourist: A New Theory of the Leisure Class [M].

New York: Schocken Books, 1976.

[38] Matos N, Mendes J, Pinto P. The Role of Imagery and Experiences in the Construction of a Tourism Destination Image [J]. Journal of Taouism, Sustatinolitity and Well-being Physics, 2015, 3 (2): 135-154.

[39] Mcgehee N G, Lokermurphy L, Uysal M. The Australian International Pleasure Travel Market: Motivations from a Gendered Perspective [J]. Journal of Tourism Studies, 1996, 7 (1): 45-57.

[40] McKercher B, Ho P S Y. Assessing the Tourism Potential of Smaller Cultural and Heritage Attractions [J]. Journal of Sustainable Tourism, 2006, 14 (5): 473-488.

[41] Neal J D, Gursoy D. A Multifaceted Analysis of Tourism Satisfaction [J]. Journal of Travel Research, 2008, 47 (1): 53-62.

[42] Nimrod G, Rotem A. An Exploration of the Innovation Theory of Successful Ageing Among Older Tourists [J]. Ageing & Society, 2012, 32 (3): 379-404.

[43] Nugraha K S W, Suryaningsih I B, Cahyanti I D. Destination Quality, Experience Involvement and Memorable Tourism Experience: Is It Relevant for Rural Tourism? [J]. Management & Marketing, 2021, 16 (1): 69-85.

[44] Papagiannakis G, Schertenleib S, O'Kennedy B, et al. Mixing Virtual and Real Scenes in the Site of Ancient Pompeii: Research Articles [J]. Computer Animation & Virtual Worlds, 2010, 16 (1): 11-24.

[45] Park H Y. Heritage Tourism: Emotional Journeys into Nationhood [J]. Annals of Tourism Research, 2010, 37 (1): 116-135.

[46] Pesonen J, Komppula R, Riihinen A. Typology of Senior Travellers as Users of Tourism Information Technology [J]. Information Technology & Tourism, 2015, 15 (3): 233-252.

[47] Remondino F, El-Hakim S, Girardi S, et al. 3D Virtual Reconstruction and Visualization of Complex Architectures [C]. International Archives of the Photogrammetry, Remote Sensing and Spatial Information Sciences, 2009.

[48] Roura R. Being There: Examining the Behaviour of Antarctic Tourists Through Their Blogs [J]. Polar Research, 2012, 31 (6): 1105-1115.

[49] SayiLi M, Akca H, Duman T, et al. Psoriasis Treatment via Doctor Fishes as Part of Health Tourism: A Case Study of Kangal Fish Spring, Turkey [J]. Tourism Management, 2007, 28 (2): 625-629.

[50] Smith S L J, Xiao H. Culinary Tourism Supply Chains: A Preliminary Examination [J]. Journal of Travel Research, 2008, 46 (3): 289-299.

[51] Song M, Elias T, Chan T K Y. Interacting with the Virtually Recreated Peranakans [C]. International Conference on Computer Graphics and Interactive Techniques in Australasia and South East Asia. ACM, 2003.

[52] Soojin C, Lehto X Y, Morrison A M, et al. Structure of Travel Planning Processes and Information Use Patterns [J]. Journal of Travel Research, 2012, 51 (1): 26-40.

[53] Suntikul W, Jachna T. Profiling the Heritage Experience in Macao's Historic Center [J]. International Journal of Tourism Research, 2015, 18 (4): 308-318.

[54] Teng Y - M, Wu K - S, Wang W - C. Exploring Rural Winery Loyalty: The Effect of Visitors' Experience in Taiwan Rural Winery Tourism [J]. Journal of Rural Studies, 2022, 96: 32-41.

[55] Ulicny B, Thalmann D. Crowd Simulation for Virtual Heritage [C]. Proc. First International Workshop on 3D Virtual Heritage, 2002.

[56] Utama I G B R. Destination Image of Bali Based on the Push Motivational Factors, Identity and Destination Creations in the Perspective of Foreign Senior Tour-

ist ［R］. Social Science Electronic Publishing，2016.

［57］Wacław I，Janusz M，Piotr Z. Community Participation in Sustainable Rural Tourism Experience Creation：A Long-term Appraisal and Lessons from a Thematic Villages Project in Poland ［J］. Journal of Sustainable Tourism，2015，23（8-9）：1341-1362.

［58］Ye H，Tussyadiah I P. Destination Visual Image and Expectation of Experiences ［J］. Journal of Travel & Tourism Marketing，2011，28（2）：129-144.

［59］Zhou Q，Pu Y，Su C. The Mediating Roles of Memorable Tourism Experiences and Destination Image in the Correlation Between Cultural Heritage Rejuvenation Experience Quality and Revisiting Intention ［J］. Asia Pacific Journal of Marketing and Logistics，2023，35（6）：1313-1329.

［60］Zicari R. V. BigData：Challengesand Opportunities ［EB/OL］. ［2014-03-21］. http：//www. odbms. org/wp-content/uploads/2013/07/Big-Data. Zicari. pdf.

［61］艾瑞咨询. 中国在线旅游度假用户研究报告 ［EB/OL］. ［2016-04-29］. http：//www. iresearch. com. cn/report/2579. html.

［62］安贺新. 基于游客体验的旅游品牌塑造问题研究 ［J］. 中央财经大学学报，2011（2）：57-60+67.

［63］安源，张玲. 文献计量学在我国图书情报领域的应用研究进展综述 ［J］. 图书馆，2014（5）：63-68.

［64］白凯，马耀峰. 旅游者购物偏好行为研究——以西安入境旅游者为例 ［J］. 旅游学刊，2007（11）：52-57.

［65］白凯，马耀峰，李天顺. 旅游目的地游客体验质量评价性研究——以北京入境游客为例 ［J］. 北京社会科学，2006（5）：54-57.

［66］白凯，马耀峰，游旭群. 基于旅游者行为研究的旅游感知和旅游认知概念 ［J］. 旅游科学，2008（1）：22-28.

［67］保继刚，楚义芳. 旅游地理学（第3版）［M］. 北京：高等教育出

版社，2012.

　[68] 陈东杰，王瀛旭，郭燕茹．基于游客满意度的森林旅游体验产品开发研究——以山东省 49 处国家森林公园为例 [J]．林业经济，2021，43 (8)：62-79.

　[69] 陈刚，章磊．文化遗产领域信息化基本概念及其发展问题浅析 [J]．中国文物科学研究，2006 (2)：11-14+32.

　[70] 陈钢华，李萌．旅游者情感研究进展：历程、主题、理论与方法 [J]．旅游学刊，2020，35 (7)：99-116.

　[71] 陈静，章锦河，刘泽华，等．旅游博客研究进展与启示 [J]．地理科学进展，2013，32 (10)：1511-1519.

　[72] 陈兴．"虚拟真实"原则指导下的旅游体验塑造研究——基于人类学视角 [J]．旅游学刊，2010 (11)：13-19.

　[73] 陈悦，刘则渊，陈劲，等．科学知识图谱的发展历程 [J]．科学学研究，2008，26 (3)：449-460.

　[74] 谌莉．旅游景区游客体验研究——以中山陵风景区为例 [D]．南京：南京师范大学，2003.

　[75] 程圩，隋丽娜，张昱竹．网络游记对旅游者出游决策的影响分析 [J]．资源开发与市场，2016 (3)：365-368.

　[76] 戴凡．旅游持续发展行动战略 [J]．旅游学刊，1994 (4)：51-54.

　[77] 党亚茹．中国学术期刊引文指标特征分析 [J]．中国科技期刊研究，2005，16 (3)：315-319.

　[78] 董文珍．基于涉入理论的博物馆旅游体验与行为意向研究——以陕西历史博物馆为例 [D]．西安：陕西师范大学，2014.

　[79] 杜忠潮，林君飞，文琦．乾陵景区国内旅游者人口学特征及行为分析 [J]．咸阳师范学院学报，2006，21 (2)：46-50.

　[80] 范全清，郭维真，闵元杰．我国文献计量学 30 年之发展 [J]．情

报资料工作，2009（3）：30-33+60.

[81] 符丽君，周裕祺，毕珊珊，等．黄山风景区游客特征与旅游体验研究——基于百度指数和网络文本 [J]．资源开发与市场，2023，39（8）：1081-1088.

[82] 符全胜．保护地游客满意理论和满意度测度 [J]．绿色中国，2004（9）：51-53.

[83] 高璟，李梦姣，吴必虎．知青怀旧旅游情感与行为的关系研究 [J]．地域研究与开发，2017，36（2）：61-67.

[84] 高小燕，刘一诺．博物馆智慧旅游技术与游客满意度、忠诚度关系研究 [J]．当代传播，2024（2）：101-106.

[85] 龚花萍，孙晓，刘春年．文物信息资源元数据模型、实施标准与应用策略 [J]．情报科学，2015，33（2）：80-84.

[86] 古发辉，赖路燕，李雯．面向信息共享的信息分类编码及其管理系统研究 [J]．情报杂志，2008，27（11）：74-77.

[87] 郝志刚．移动大数据时代我国旅游发展的新思考 [J]．旅游学刊，2016（6）：1-2.

[88] 胡道华，赵黎明．基于旅游体验过程的游客感知评价 [J]．湘潭大学学报（哲学社会科学版），2011，35（2）：80-84.

[89] 胡兴报，苏勤，张影莎．国内旅游者网络旅游信息搜寻动机与搜寻内容研究 [J]．旅游学刊，2012，27（11）：105-112.

[90] 黄鹂．旅游体验与景区开发模式 [J]．兰州大学学报，2004（6）：104-108.

[91] 黄万英，蒙睿，叶文．国内旅游者旅游行为研究述评 [J]．桂林旅游高等专科学校学报，2005（6）：57-60.

[92] 黄郁成．试论旅游产品的质量标准 [J]．社会科学家，1998（5）：52-54+60.

[93] 贾英,孙根年.论双因素理论在旅游体验管理中的应用 [J].社会科学家,2008(4):92-95.

[94] 蒋光辉.审美视角下旅游本质初论 [J].旅游纵览(下半月),2013(12):47-48.

[95] 蒋建军,王俊彪,姜澄宇.制造企业信息分类编码体系 [M].西安:西北工业大学出版社,2010.

[96] 解为.旅游感知形象研究综述 [J].河北旅游职业学院学报,2014,19(3):5-10.

[97] 金琳琳.基于游客感知的民族地区乡村旅游质量模型构建与实证研究 [J].旅游论坛,2023,16(4):72-79.

[98] 黎镇霆,马悦柔,翁时秀.主题公园化古镇的后现代原真性体验及生成机制——以乌镇西栅景区为例 [J].旅游学刊,2023,38(1):42-52.

[99] 李飞,马继刚.我国廊道遗产保护与旅游开发研究——以滇、藏、川茶马古道为例 [J].西南民族大学学报(人文社会科学版),2016,37(2):136-140.

[100] 李晶,孙根年,马红红.华山景区旅游活动的周末效应测定 [J].资源开发与市场,2017,33(10):1276-1280.

[101] 李娜,贺祖斌.地方普通本科院校办学定位及分类发展研究——以广西为例 [J].广西师范学院学报(哲学社会科学版),2014,35(2):78-81.

[102] 李文明,裴路霞,孙玉琴,等.旅游演艺项目游客游后推荐行为影响因素与机理——以抚州《寻梦牡丹亭》演艺为例 [J].经济地理,2022,42(10):216-223.

[103] 李永乐,陈霏,华桂宏.基于网络文本的大运河历史文化街区旅游体验研究——以清名桥历史文化街区为例 [J].南京社会科学,2021(2):157-165.

[104] 李玉萍，刘亚男，杨晓霞．喀斯特旅游地虚拟旅游体验对实地旅游意愿的影响——以武隆喀斯特旅游区为例 [J]．中国岩溶，2024，43 (2)：463-475.

[105] 梁昊光，兰晓．文化资源数字化 [M]．北京：人民出版社，2014.

[106] 廖仁静，李倩，张捷，等．都市历史街区真实性的游憩者感知研究——以南京夫子庙为例 [J]．旅游学刊，2009 (1)：55-60.

[107] 林轶，冯聪慧，屠靖斌．感官视角下旅游目的地品牌联想测评——以桂林市为例 [J]．资源开发与市场，2023，39 (10)：1257-1263.

[108] 刘海玲，王彩彩．乡村亲子游产品开发实现路径——基于文旅融合的分析 [J]．社会科学家，2021 (8)：75-80.

[109] 刘建峰，王桂玉，张晓萍．基于旅游体验视角的旅游规划形式与内容的反思 [J]．地域研究与开发，2014 (2)：88-93.

[110] 刘聚梅．我国乡村旅游发展实证研究 [D]．北京：北京第二外国语学院，2007.

[111] 刘美杏，徐芳．古道线性文化遗产信息资源关联数据模型构建及其实证研究 [J]．图书馆学研究，2019 (14)：40-50.

[112] 刘卫梅，林德荣．乡村旅游体验场景对心理恢复的作用机制研究——兼论地方依恋的中介作用 [J]．旅游学刊，2024，39 (3)：106-118.

[113] 龙江智．从体验视角看旅游的本质及旅游学科体系的构建 [J]．旅游学刊，2005 (1)：21-26.

[114] 龙江智，卢昌崇．从生活世界到旅游世界：心境的跨越 [J]．旅游学刊，2010 (6)：25-31.

[115] 鲁洋静．基于文化基因解码的文旅深度融合机理与模式——以海南、云南为例 [J]．社会科学家，2023 (8)：64-69.

[116] 鲁宜苓，孙根年．公路何以成为旅游资源 [J]．公路，2017，62 (3)：193-198.

[117] 罗小燕，潘运华．社区参与是遗产旅游开发的必由之路［J］．萍乡学院学报，2013，30（2）：17-20.

[118] 马耀峰，李天顺，刘新平．旅游者行为［M］．北京：科学出版社，2008.

[119] 孟小峰，慈祥．大数据管理：概念、技术与挑战［J］．计算机研究与发展，2013，50（1）：146-169.

[120] 苗学玲，保继刚．"众乐乐"：旅游虚拟社区"结伴旅行"之质性研究［J］．旅游学刊，2007（8）：48-54.

[121] 聂献忠，张捷，吕菽菲，等．九寨沟国内旅游者行为特征初步研究及其意义［J］．自然资源学报，1998（3）：249-255.

[122] 潘璠．走近大数据［J］．调研世界，2014（10）：59-62+64.

[123] 潘海颖．旅游体验审美精神论［J］．旅游学刊，2012，27（5）：88-93.

[124] 潘莉，任文顾，方睿哲．旅游具身体验质量的量表开发与验证［J］．人文地理，2024，39（4）：182-192.

[125] 秦长江，侯汉清．知识图谱——信息管理与知识管理的新领域［J］．大学图书馆学报，2009（1）：30-37+96.

[126] 邱扶东．旅游信息特征对旅游决策影响的实验研究［J］．心理科学，2007（3）：716-718.

[127] 邱均平，邹菲．关于内容分析法的研究［J］．中国图书馆学报，2004（2）：12-17.

[128] 邱云美．中国旅游地理［M］．北京：人民邮电出版社，2006.

[129] 任红娟，张志强．基于文献计量的科学知识图谱发展研究［J］．情报杂志，2009，28（12）：86-90.

[130] 沈向友．旅行社服务质量与游客满意感影响因素分析［J］．旅游学刊，1999（5）：25-30.

[131] 史达，张冰超，衣博文．游客的目的地感知是如何形成的？——基于文本挖掘的探索性研究［J］．旅游学刊，2022，37（3）：68-82．

[132] 宋涛，周建明，蔡建明，等．国内客源市场的游客偏好比较分析——以喀什市为例［J］．干旱区资源与环境，2013，27（7）：173-178．

[133] 苏杨，张颖岚，王宇飞．文化蓝皮书：中国文化遗产事业发展报告（2015-2016）［M］．北京：社会科学文献出版社，2016．

[134] 覃京燕．文化遗产保护中的信息可视化设计方法研究［D］．北京：清华大学，2006．

[135] 谭丽燕，陈建新．突出民族特色 加快南宁旅游业发展的对策［J］．广西教育学院学报，1998（2）：101-107．

[136] 唐佳，李君轶．基于微博大数据的西安国内游客日内时间分布模式研究［J］．人文地理，2016，31（3）：151-160．

[137] 田小静，黄浩．基于 UGC 的"网红"城市游客消费行为与体验特征——以山东省淄博市为例［J］．商业经济研究，2023（15）：53-56．

[138] 涂子沛．大数据（3.0 升级版）［M］．桂林：广西师范大学出版社，2015．

[139] 汪丽，曹小曙．历史文化景区旅游交通满意度研究——以西安三大景区为例［J］．西北大学学报（自然科学版），2015（4）：665-669．

[140] 王丙义．信息分类与编码［M］．北京：国防工业出版社，2003．

[141] 王红宝，谷立霞．基于旅游体验视角的旅游商品开发研究［J］．广西社会科学，2010（12）：69-71．

[142] 王辉，许振华．基于网络游记的海岛旅游体验研究——以长山群岛为例［J］．福建师范大学学报（自然科学版），2024，40（1）：140-148．

[143] 王娟，李婷，魏荣杰．共睦态视角下旅行同伴对旅游体验质量的相互影响研究［J］．西北大学学报（自然科学版），2024，54（4）：639-649．

[144] 王倩倩，孙梦阳，关海怡．亲子旅游目的地评价指标体系构建及

实证研究——以珠海横琴为例［J］.资源开发与市场，2022，38（11）：
1281-1286+1295.

［145］王秋雅."体验式旅游"视角下乡村民俗旅游的开发研究［J］.
农业经济，2022（11）：66-68.

［146］王双怀.陕西帝王陵［M］.西安：西安出版社，2010.

［147］王晓峰，刘艳艳，王俊霞.基于三维分类法的旅游信息分类体系
与编码初探［J］.旅游学刊，2013，28（11）：75-83.

［148］王秀红，杨桂华，张晓萍.旅游存在真实性的思考［J］.思想战
线，2010（4）：118-123.

［149］王兆峰.张家界旅游城市游客公共交通感知、满意度与行为［J］.
地理研究，2014（5）：978-987.

［150］魏向东.旅游概论［M］.北京：中国林业出版社，2000.

［151］文捷敏，余颖.基于扎根理论的滨海旅游体验研究——以广东省
惠州市巽寮湾为例［J］.地域研究与开发，2023，42（2）：111-117.

［152］文彤，王晨叶，张玉林.非遗旅游体验质量对旅游者景区品牌评
价的影响——文化赋能旅游的研究探讨［J］.旅游科学，2024，38（7）：
22-36.

［153］吴琼.智慧旅游对背包客旅游行为影响研究［D］.杭州：浙江工
商大学，2015.

［154］吴艺娟，颜醒华.表演学视角下的旅游者后旅游体验行为：对网
络游记信息的挖掘［J］.旅游研究，2016，8（5）：43-48.

［155］伍海琳.论旅游体验［J］.经济师，2006（1）：166-167.

［156］夏杰长，张雅俊.数字媒介与具身体验：旅游城市品牌的构建路
径［J］.学习与探索，2024（3）：87-94.

［157］谢彦君.基础旅游学（第四版）［M］.北京：商务印书馆，2015.

［158］谢彦君.旅游体验研究：一种现象学的视角［M］.天津：南开大

学出版社，2005.

[159] 谢彦君，吴凯. 期望与感受：旅游体验质量的交互模型 [J]. 旅游科学，2000（2）：1-4.

[160] 徐虹，李秋云. 主题公园顾客体验质量的评价维度及前因后果研究——基于迪士尼和欢乐谷携程网上评论的分析 [J]. 旅游科学，2017（1）：57-68.

[161] 鄢光哲. 国家旅游局局长李金早：推进全域旅游 三年覆盖六百个县 [N]. 中国青年报，2015-08-27（011）.

[162] 燕海鸣. 遗产解说的原则 [N]. 中国青年报，2014-10-31（12）.

[163] 杨红梅，殷红梅，李瑞，等. 体验视角下苗寨文化旅游产品原真性与地方性感知的关系研究 [J]. 包装工程，2022，43（12）：225-233.

[164] 叶朗. 美学原理 [M]. 北京：北京大学出版社，2009.

[165] 叶林. 观光农业的新发展：庄园开发 [J]. 探索与争鸣，1999（11）：39-41.

[166] 于岚. 谈谈旅游真实性研究 [J]. 北京第二外国语学院学报，2000（3）：21-24.

[167] 余向洋，朱国兴，邱慧. 游客体验及其研究方法述评 [J]. 旅游学刊，2006（10）：91-96.

[168] 袁超，孔翔，李鲁奇，等. 基于游客用户生成内容数据的传统村落形象感知——以徽州呈坎村为例 [J]. 经济地理，2020，40（8）：203-211.

[169] 袁存忠，邓淑丹. 地理信息大数据探讨 [J]. 测绘通报，2016（12）：105-107+130.

[170] 曾三明. 信息分类与编码——信息化建设实施者的"补修课" [J]. 科技信息（学术版），2008（7）：299-300.

[171] 张安民. 主题公园国内游客感知和游后行为研究 [D]. 开封：河南大学，2008.

［172］张斌，张澍军．基于胡塞尔现象学的旅游体验研究［J］．旅游科学，2010（6）：1-8．

［173］张朝枝，邓曾，游旺．基于旅游体验视角的旅游产业价值链分析［J］．旅游学刊，2010（6）：19-25．

［174］张冬冬，杜华勇．城市旅游体验质量评价体系构建及实证［J］．桂林理工大学学报，2022，42（3）：767-773．

［175］张红梅，梁昌勇，徐健．"旅游+互联网"背景下的智慧旅游云服务体系创新［J］．旅游学刊，2016（6）：12-15．

［176］张继贤，顾海燕，鲁学军，等．地理国情大数据研究框架［J］．遥感学报，2016，20（5）：1017-1026．

［177］张建忠．中国帝陵文化价值挖掘及旅游利用模式［D］．西安：陕西师范大学，2013．

［178］张凌云．智慧旅游：个性化定制和智能化公共服务时代的来临［J］．旅游学刊，2012（2）：3-5．

［179］张敏，车雨霏，张艳．差异化任务情境下用户在线旅游协同信息检索的行为特征分析［J］．情报理论与实践，2019，42（10）：84-90．

［180］张铁生，孙根年．旅游地客流量峰林结构及成因探析——湖南凤凰入境旅游与国内旅游的比较［J］．旅游科学，2014，28（1）：44-53+75．

［181］张佑印，徐珩．北京市体育公园空间布局合理性及旅游体验质量评价研究［J］．资源与生态学报（英文版），2024，15（2）：496-509．

［182］张渊．扬州古运河旅游资源展示系统研究［D］．扬州：扬州大学，2007．

［183］张珍珍．基于多源数据的华山景区游客时空行为研究［D］．西安：陕西师范大学，2016．

［184］赵磊，吴文智，李健，等．基于游客感知价值的生态旅游景区游客忠诚形成机制研究——以西溪国家湿地公园为例［J］．生态学报，2018，38

（19）：7135-7147.

［185］赵悦，石美玉．非物质文化遗产旅游开发中的三大矛盾探析［J］．旅游学刊，2013，28（9）：84-93.

［186］赵振斌，党娇．基于网络文本内容分析的太白山背包旅游行为研究［J］．人文地理，2011（1）：134-139.

［187］郑冬子．旅游地理学［M］．广州：华南理工大学出版社，2005.

［188］郑鹏，马耀峰，李天顺．虚拟照进现实：对虚拟旅游的研究内核及范畴之思考［J］．旅游学刊，2010（2）：13-18.

［189］智烈慧，李仁杰，傅学庆，等．众包旅游文本热度地名的共现挖掘［J］．测绘科学，2016，41（8）：144-151.

［190］中国电子技术标准化研究院．大数据标准化白皮书［EB/OL］．［2014-07-16］．http：//www.cac.gov.cn/files/pdf/baipishu/Bigdatastardardization.pdf.

［191］周晓丽，李振亭．基于百度指数的搜索引擎中旅游搜索行为研究——以西安典型旅游景区为例［J］．天津商业大学学报，2016，36（3）：11-16.

［192］周亚庆，吴茂英，周永广，等．旅游研究中的"真实性"理论及其比较［J］．旅游学刊，2007（6）：42-47.

［193］朱高儒，杨丁丁，衷平，等．川藏公路康定段山区风景道规划［J］．公路，2013，58（11）：164-169.

［194］朱建平，殷瑞飞．SPSS在统计分析中的应用［M］．北京：清华大学出版社，2009.

［195］祝畅．河南省旅游交通服务游客满意度调查研究［J］．西部皮革，2016（14）：121-122.

［196］祝亚．外部性视角下的景区定价研究［J］．首都师范大学学报（社会科学版），2010（5）：56-60.

[197] 庄孔韶. 长江三峡民族民俗文物保护及其实践——兼谈人类学、民族学之角色呈现 [J]. 中央民族大学学报（哲学社会科学版），1999 (5)：128-138.

[198] 邹统钎，吴丽云. 旅游体验的本质、类型与塑造原则 [J]. 旅游科学，2003 (4)：7-10+41.

[199] 邹勇文，田逢军. 网络虚拟社区中的南昌市旅游空间意象图景 [J]. 资源科学，2017 (2)：314-324.

附　录

附录1　关中汉唐帝陵游客信息搜索行为调查

　　尊敬的游客，您好！为了解游客旅游信息搜索行为特征及旅游信息需求，更好地为您及其他来景区参观游客提供服务，我们组织了此次调查。问卷采取不记名方式填写，您所填写的内容仅供学术研究及政府机构决策之用，完全不对外公开，真诚希望您能给予大力支持。感谢您在百忙之中参与我们的问卷调查！

　　1. 您出游前是否进行旅游信息搜索？

　　A. 是　　　　　　　　　B. 否

　　2. 您通过什么渠道获取旅游信息？（可多选）

　　A. 搜索引擎　　　　　　B. 旅游门户网站　　　　　C. 旅游论坛、博客

　　D. 旅游杂志　　　　　　E. 旅游宣传册　　　　　　F. 旅行社

　　G. 亲友交流

　　3. 您搜索旅游信息常用的搜索引擎有：

　　A. 百度　　　　　　　　B. 谷歌　　　　　　　　　C. 搜狗

D. SOSO   E. 其他_____

4. 您搜索旅游信息常用的旅游门户网站有:

A. 景区或政府官方网站   B. 携程   C. 同程

D. 去哪儿网   E. 乐途   F. 其他_____

5. 您搜索旅游信息常用的旅游论坛、博客有:

A. 穷游   B. 马蜂窝   C. 驴友网

D. 其他_____

6. 您是出于什么目的进行旅游信息搜索的?(可多选)

A. 对即将前往的旅游目的地有全面认识

B. 进行旅游目的地选择   C. 满足旅游渴望

D. 满足求新求异心理   E. 增加聊天话题   F. 愉悦心情

G. 增长知识   H. 消磨时间

7. 旅游信息搜索时,您对哪些信息比较关注?(可多选)

A. 天气   B. 景点介绍   C. 地图和交通

D. 餐饮   E. 住宿   F. 娱乐项目

G. 旅游纪念品   H. 旅行社线路   I. 网上评价

8. 出行前,您会提前多久在网上进行旅游信息搜索?

A. 一个月   B. 两周   C. 一周

D. 三天   E. 一天   F. 当天

9. 您每次用于旅游信息搜索的时间是多久?

A. 半小时以内   B. 半小时至 1 小时

C. 1~2 小时   D. 超过 2 小时

10. 进行网上旅游信息搜索时,您是:

A. 独自一人   B. 朋友一起交流

11. 您在对景区旅游信息进行搜索后,会:

A. 放弃原来的旅游计划

B. 前往景区购买门票参观

C. 在线购买门票择日参观

基本信息：

1. 您的性别：

A. 男　　　　　　　　B. 女

2. 您的年龄：

A. 18 岁及以下　　　　B. 19~29 岁　　　　C. 30~39 岁

D. 40~49 岁　　　　　E. 50~59 岁　　　　F. 60 岁及以上

3. 您受教育程度：

A. 初中及以下　　　　B. 高中　　　　　　C. 大专

D. 本科　　　　　　　E. 研究生及以上

4. 您的月收入水平：

A. 2000 元以下　　　　B. 2001~4000 元

C. 4001~6000 元　　　D. 6000 元以上

5. 您的职业：

A. 机关干部或公务员　　B. 企业中高层管理人员　　C. 专业技术人员

D. 私营业主　　　　　　E. 自由职业者　　　　　　F. 学生

G. 离退休人员　　　　　H. 教师　　　　　　　　　I. 普通职员

J. 其他

附录2　关中帝陵景区游客感知因素调查

尊敬的游客，您好！为了更好地为您及其他游客提供服务，我们组织了此次调查。问卷采取不记名方式填写，您所填写的内容仅供学术研究及政府机构决策之用，完全不对外公开，真诚希望您能给予大力支持。感谢您在百忙之中参与我们的问卷调查！

一、背景信息

1. 您的性别：

A. 男   B. 女

2. 您的年龄：

A. 18 岁以下   B. 19～29 岁   C. 30～39 岁

D. 40～49 岁   E. 50～59 岁   F. 60 岁及以上

3. 您受教育程度：

A. 初中及以下   B. 高中   C. 大专

D. 本科   E. 研究生及以上

4. 您的月收入水平：

A. 2000 元以下   B. 2001～4000 元

C. 4001～6000 元   D. 6000 元以上

5. 您的职业：

A. 机关干部或公务员   B. 企业中高层管理人员   C. 专业技术人员

D. 私营业主   E. 自由职业者   F. 学生

G. 离退休人员   H. 教师   I. 普通职员

J. 其他

6. 您来自：_____省（自治区、直辖市）或_____国家

7. 您本次旅游线路安排：您是从_____出发，来____陵旅游的上一站是_____，您结束本景区后将去往_____。

二、游客感知因素

请根据该因素对您本次旅游的影响强弱程度进行选择，在对应位置上画"√"。

影响因素	影响程度				
	最弱··最强				
	1	3	5	7	9
1. 帝陵景观观赏价值					
2. 帝陵历史文化价值					
3. 帝陵资源珍稀奇特程度					
4. 帝陵规模及完整性					
5. 帝陵知名度					
6. 门票价格					
7. 游览线路					
8. 讲解服务					
9. 游览安全					
10. 观景设施					
11. 基础设施					
12. 景区周边交通					
13. 景区内交通					
14. 游览步道					
15. 就餐卫生					
16. 菜品味道					
17. 就餐环境					
18. 餐饮价格					
19. 商品价格					
20. 商品特色					
21. 商品质量					
22. 商品包装					
23. 娱乐项目特色					
24. 娱乐项目丰富度					
25. 旅游项目价格					
26. 景观协调度					
27. 美感度					

影响因素	影响程度				
	最弱·························最强				
	1	3	5	7	9
28. 水环境质量					
29. 大气环境质量					
30. 安全性					

附录3　关中帝陵景区游客满意度调查

尊敬的游客，您好！为了更好地为您及其他游客提供服务，我们组织了此次景区满意度调查。问卷采取不记名方式填写，您所填写的内容仅供学术研究及政府机构决策之用，完全不对外公开，真诚希望您能给予大力支持。感谢您在百忙之中参与我们的问卷调查！

一、背景信息

1. 您的性别：

A. 男　　　　　　　　B. 女

2. 您的年龄：

A. 18 岁以下　　　　　B. 19~29 岁　　　　　C. 30~39 岁

D. 40~49 岁　　　　　E. 50~59 岁　　　　　F. 60 岁及以上

3. 您受教育程度：

A. 初中及以下　　　　B. 高中　　　　　　　C. 大专

D. 本科　　　　　　　E. 研究生及以上

4. 您的月收入水平：

A. 2000 元以下　　　　　　B. 2001~4000 元

C. 4001~6000 元　　　　　　D. 6000 元以上

5. 您的职业：

A. 机关干部或公务员　　B. 企业中高层管理人员　C. 专业技术人员

D. 私营业主　　　　　　E. 自由职业者　　　　　　F. 学生

G. 离退休人员　　　　　H. 教师　　　　　　　　　I. 普通职员

J. 其他

6. 您来自：_____省（自治区、直辖市）或_____国家。

二、满意度调查

本部分共 19 个关于您在景区里体验感受的问题，每个问题有"很不满意""不满意""一般""满意""很满意"5 个答案。请您在对应的答案上画"√"。

1. 您此次旅游的满意程度如何	很不满意	不满意	一般	满意	很满意
2. 您对此景区商品及门票价格评价如何（门票免费的可不作答）	很不满意	不满意	一般	满意	很满意
3. 您对景区的基础设施便利程度评价如何	很不满意	不满意	一般	满意	很满意
4. 您对景区的安全设施的满意度	很不满意	不满意	一般	满意	很满意
5. 您对景区周边交通状况的满意度	很不满意	不满意	一般	满意	很满意
6. 您对景区观景设施的满意度	很不满意	不满意	一般	满意	很满意
7. 您对景区门票销售、检票系统的满意度	很不满意	不满意	一般	满意	很满意
8. 您对景区卫生状况的满意度	很不满意	不满意	一般	满意	很满意
9. 您觉得景区购物丰富状况的满意度	很不满意	不满意	一般	满意	很满意
10. 您觉得景区用餐状况的满意度	很不满意	不满意	一般	满意	很满意
11. 您对景区工作人员服务态度的满意度	很不满意	不满意	一般	满意	很满意
12. 您对景区自助导游系统的满意度	很不满意	不满意	一般	满意	很满意
13. 您对景区内自然景观的满意度	很不满意	不满意	一般	满意	很满意
14. 您对景区内人文景观的满意度	很不满意	不满意	一般	满意	很满意

15. 您对景区内交通通畅程度的满意度	很不满意	不满意	一般	满意	很满意
16. 您对景区游览路线的满意度	很不满意	不满意	一般	满意	很满意
17. 您对景区娱乐活动项目丰富程度的满意度	很不满意	不满意	一般	满意	很满意
18. 您对景区对外宣传力度的满意度	很不满意	不满意	一般	满意	很满意
19. 您对景区的设施与环境的协调性的满意度	很不满意	不满意	一般	满意	很满意

您对景区有何意见及建议?

再次感谢您对我们此次调查工作的支持!